À ceux qui, en qualité d'anges,
œuvrent au Ciel et sur Terre :
merci de votre amour, de votre dévouement et de votre aide.
Nous vous prions de demeurer patients avec nous tandis que nous
apprenons à accepter
vos dons avec grâce et reconnaissance.

Table des matières

Remerciements

Je remercie Dieu, l'Esprit saint, Jésus, Frederique, Pearl ainsi que mes autres guides et anges. J'envoie beaucoup d'amour et de reconnaissance à Louise L. Hay, Reid Tracy, Jill Kramer, Christy Salinas, Jeannie Liberati, Jenny Richards, Margarete Nielsen, Jacqui Clark, Kristina Tracy, Karen Johnson, Ron Tillinghast, Joe Coburn, Anna Almanza, Suzy Mikhail, Adrian Sandoval et Lisa Kelm.

J'apprécie énormément l'aide angélique que j'ai reçue de Steve Putting, Charles Schenk, Bronny Daniels, Janine Cooper et Jennifer Chipperfield. Je remercie toutes les personnes merveilleuses à qui j'ai donné des lectures, et j'envoie mes bénédictions angéliques aux clients et étudiants qui m'ont autorisée à publier leurs études de cas et leurs histoires dans le présent livre.

✥ ✥ ✥

Introduction

Ce n'est pas le fruit de votre imagination : les anges *sont* parmi nous, aujourd'hui plus que jamais, et pas uniquement dans les lieux voués au commerce. De plus en plus de gens font état de rencontres avec des anges, dans lesquelles ces êtres célestes apportent au bon moment des messages, des remèdes pour guérir, et accomplissent des gestes qui sauvent des vies.

Pourquoi une telle présence des anges autour de notre planète ces derniers temps ? En partie parce que nous prions pour recevoir l'assistance du Ciel et en partie parce que Dieu et les anges savent qu'il est temps de nous guérir, d'assainir nos vies et d'améliorer notre monde. Tandis que nous entrons dans un nouveau millénaire, les anges nous aident à surmonter les difficultés et les maladies qui nous empêchent de vivre au mieux de nos possibilités.

Les anges sont là pour nous enseigner que l'amour de Dieu est la réponse à toutes les questions et à tous les problèmes. Ils sont là pour nous guérir des effets de la peur. Ce sont de puissants guérisseurs et vous pouvez travailler avec eux pour activer leurs efforts de guérison. Plus nous invitons les anges dans nos vies, plus il est facile à la splendeur céleste de s'y refléter.

Le pouvoir de guérison des anges est sans limites. Ils peuvent nous aider à améliorer nos relations, à nous défaire des soucis liés à notre carrière, à assainir nos finances, à régler nos problèmes immobiliers et à faire face à toute autre difficulté qui nous perturbe. Il nous suffit de procéder par étapes afin de leur faciliter la tache de nous aider :

1. **Demandez :** Selon la loi du libre arbitre, les anges ne peuvent intervenir dans nos vies sans notre permission expresse. La seule exception est l'éventualité d'une situation où notre vie est menacée alors qu'il n'est pas encore temps de nous en aller. Autrement, nous devons demander l'aide des anges.

   « Comment demander ? » vous direz-vous peut-être. Vous n'avez pas besoin d'invocations formelles pour convier les anges à vous aider. Il suffit de dire mentalement « Les Anges ! » et ils répondront sur-le-champ. Comme tout le monde, vous avez depuis votre naissance deux anges gardiens ou plus qui vous accompagneront jusqu'à votre mort. Rien de ce que vous pourrez faire, dire ou penser ne poussera vos anges à vous quitter ou à vous aimer moins. Ils ont pour vous un amour puissant et inconditionnel !

   De plus, vous pouvez demander que d'autres anges se joignent à vous, soit en priant Dieu de vous en envoyer soit en vous adressant directement à eux. Il n'y a aucune différence, car les anges répondent toujours à la volonté de Dieu. Or, Dieu veut qu'ils vous entourent et vous réconfortent chaque fois que vous le demandez.

2. **Lâchez prise par rapport au problème :** Avant que Dieu et les anges puissent guérir votre situation, vous devez la leur remettre en totalité. C'est un peu comme expédier une lettre : il vous faut la lâcher avant que la poste puisse la livrer à votre place. Nous demandons si souvent l'aide du Ciel ! Pourtant, au lieu de la laisser se concrétiser, nous nous cramponnons à la situation et bloquons ainsi la capacité des anges à intervenir. Si vous voulez vraiment de l'aide, remettez votre problème à Dieu et aux anges !

3. **Ayez confiance en Dieu :** Vous n'avez pas à donner à Dieu et aux anges un scénario précisant les étapes que vous voulez leur voir suivre pour résoudre votre problème. Vous n'avez qu'à espérer en la sagesse et en la créativité infinies de Dieu : elles se manifesteront par une solution meilleure que celle dont les esprits humains pourront jamais rêver. Souvenez-vous : la volonté de Dieu, c'est que vous soyez heureux !

4. **Suivez les instructions de Dieu :** Après que vous aurez remis votre problème à Dieu et aux anges, il se peut que ceux-ci vous demandent de poser certains gestes pour améliorer la situation. Leurs instructions vous seront exprimées par une voix, un rêve, une vision, une conscience ou une intuition.

Si vous n'êtes pas sûr de l'origine de ces manifestations, demandez-en confirmation à Dieu. Les anges et Lui vous enverront toujours des messages d'amour et de soutien ; aussi, si jamais vous recevez une instruction effrayante ou blessante, ne la suivez pas ! Toutefois, il n'y a pas lieu de nous inquiéter des anges déchus interférant avec nous si nous restons très proches de Dieu par le cœur et l'esprit. L'amour divin est le seul pouvoir qui existe. Les formes-pensées de peur et d'obscurité sont des illusions qui ne peuvent nous « faire de mal » que si nous leur en donnons le pouvoir. Donc, après avoir demandé l'aide des anges, soyez attentif aux messages divins : ces derniers vous indiqueront comment régler votre problème. Ces instructions étant les réponses à vos prières, vous devez agir pour aider Dieu à vous aider. Parfois, elles font référence à des actions et les anges vous demandent de vous rendre à tel endroit ou d'appeler une personne en particulier, par exemple.

D'autres fois, les instructions visent votre esprit et votre cœur ; par exemple, lorsque les anges vous demandent de vous pardonner ou de pardonner à quelqu'un d'autre. Quels que soient les messages, sachez qu'ils viennent de la Source de toute guérison et de toute solution. Suivez les instructions données et la situation se rétablira.

Aucun problème n'est ni trop gros ni trop petit pour que les anges ne puissent le régler pour vous. Que vous ayez besoin d'une place de stationnement, d'argent pour payer vos factures ou d'une amélioration de votre santé, les anges sont heureux de vous rendre service. Votre bonheur étant leur plus grande récompense, si cela est en accord avec la volonté de Dieu, ils vous donneront ce qui vous fait plaisir. Après tout, le bonheur est un droit de naissance et vous le méritez !

Guérir quelqu'un d'autre

Et si vous voulez que les anges effectuent la guérison d'une autre personne ? Par exemple, vous pourriez désirer qu'ils aident un être cher dans le besoin ou un groupe de gens dont le sort, évoqué aux informations, a touché votre cœur.

C'est toujours un acte d'amour de demander à Dieu d'envoyer des anges auprès de quelqu'un d'autre. Ce n'est pas une violation de son libre arbitre puisque la personne peut choisir d'écouter ou non les messages des anges. Aussi est-ce une bonne idée de demander aux anges d'entourer les autres. Dieu répond particulièrement vite à une telle requête lorsqu'elle vient de parents désireux que d'angéliques « gardiens d'enfants » s'occupent de leur progéniture.

Les anges n'enfreindront jamais la volonté divine ; alors, si c'est « l'heure » de l'un de vos proches, ils lui apporteront réconfort et joie durant ses derniers jours sur Terre. Voici une oraison magnifique à garder dans votre cœur : « Que Ta volonté soit faite. » Ainsi, vous vous épargnez un souci inutile et vous reposez sur l'assurance que Dieu prend soin de tout à la perfection.

*L'archange Raphaël, un guérisseur suprême
parmi les anges*

Pour les problèmes d'ordre physique tels que la maladie ou la souffrance, il n'y a pas de meilleur guérisseur dans tout le royaume des anges que l'archange Raphaël. Cet ange, dont le nom signifie « Dieu guérit », peut libérer instantanément de la souffrance. Raphaël brille d'une splendide lumière de guérison vert émeraude. Il entoure souvent de cette énergie les parties douloureuses du corps ; la lumière agit comme un baume apaisant et déclenche des guérisons instantanées et complètes.

Raphaël, comme tous les habitants du monde de l'esprit, peut se trouver en même temps avec tous ceux qui en appellent à lui. Il n'est pas limité par des contraintes de temps ou d'espace. Alors, n'ayez jamais peur d'interférer avec d'autres missions que pourrait avoir Raphaël lorsque vous faites appel à lui.

L'archange guérisseur vient à vos côtés à l'instant où vous l'en priez. Vous pouvez l'appeler en disant mentalement ou à haute voix : « S'il te plaît, Raphaël, aide-moi ! » Il se rendra également auprès de ceux qui vous sont chers, à votre demande.

Raphaël est un puissant guérisseur. Il agit comme un chirurgien spirituel, en extrayant la peur et l'obscurité présentes dans notre corps et dans notre esprit. Cependant, nous faisons parfois appel à lui, puis nous le gênons dans son rôle de guérisseur en ne lui donnant pas, par exemple, accès à nos « coupables secrets » pour qu'il les extirpe de nous. Ou encore nous essayons de l'aider en lui disant quoi faire. Nous sommes bien intentionnés, mais nos actions humaines sont maladroites et entravent l'archange. Par conséquent, après que vous avez fait appel à Raphaël, il vaut mieux le laisser accéder sans restriction à votre corps, à votre esprit et à votre cœur. Il peut de cette manière remplir la fonction que lui a conférée Dieu de tout guérir intégralement.

Qu'il s'agisse d'une simple envie autour d'un ongle ou d'une maladie apparemment en phase terminale, faites appel à l'aide de Dieu et des anges. Ces derniers ne veulent pas que nous attendions d'être désespérés ou terrifiés pour le faire. Comme je l'ai écrit sous la dictée des anges dans mon livre, *Angel Therapy* :

> Demandez l'aide des créatures divines célestes dès que vous avez conscience de votre souffrance intérieure. Un propriétaire avisé sentant l'odeur de la fumée n'attend pas que la maison soit en flammes pour téléphoner aux pompiers. Àce stade, son appel est pratiquement inutile. N'attendez pas d'être submergé par une peur monumentale pour invoquer le nom de Dieu.
>
> Lorsque vous le ferez — comme toujours — Il enverra aide et réconfort à vos côtés. Même ainsi, il se peut que pendant plusieurs minutes vous ne sentiez pas Ses bras vous entourer d'amour, car vous aurez l'impression que de nombreuses épaisseurs de peur sont entre le Ciel et vous. Il est cependant plus futé encore d'apprendre à surveiller son bien-être et de ne pas hésiter à demander assistance et réconfort à une créature céleste quelle qu'elle soit.
>
> Alors, apprenez bien cette leçon, vous le plus doux des enfants, et souvenez-vous toujours de prendre soin de votre être intérieur en demandant de l'aide chaque fois que c'est nécessaire. De cette façon, vous n'endurerez pas les fluctuations sensibles de la peur, mais ne ressentirez que de légers gonflements qui n'attaqueront pas la paix de votre esprit.

ঔ ঔ ঔ

Les anges sont là pour vous aider à guérir et ils souhaitent que vous sollicitiez leur aide.

CHAPITRE UN

Bonheurs et difficultés
de la voie spirituelle

Qu'est-ce qui vous a poussé à étudier la spiritualité ? Un désir d'explorer les *vérités* de la vie ? Une quête de bonheur, d'accomplissement et d'amour intérieur ? Une tragédie ou un hasard miraculeux vous ayant incité à explorer le pan spirituel de l'existence ? Ou avez-vous été intrigué par l'exemple de quelqu'un, peut-être une personne encline à la spiritualité, que vous admirez ?

Quoi qui vous ait attiré sur cette voie, le dénominateur commun était votre désir d'améliorer votre vie. Que vous cherchiez une révélation, des réponses, de nouvelles compétences ou la paix de l'esprit, vous avez pensé que la spiritualité avait quelque chose de positif à vous offrir.

Le bonheur est sacré

Certains de mes clients ont été élevés dans des religions qui placent la souffrance au rang de vertu. Dans ces systèmes de croyances, on applaudit ceux qui vivent en martyrs, créant ainsi le terreau où pousseront la faute, la peur et le ressentiment. Aussi, ces personnes prennent-elles peur lorsqu'elles se lancent sur une voie spirituelle promettant le bonheur et l'abondance. *Le bonheur et l'abondance sont-ils des objectifs convenables ?* se demandent-elles.

On apprend à ceux qu'on éduque selon des idéologies chrétiennes que Jésus a enseigné qu'il est plus facile à un chameau de passer par le chas d'une aiguille qu'à un riche d'entrer dans le royaume des cieux. Cependant, dans d'autres passages, Jésus nous conseille avec insistance de frapper aux portes pour qu'elles s'ouvrent. À maintes reprises, Il nous engage à avoir foi dans le fait que nos besoins matériels seront satisfaits.

Ceux dont la spiritualité est plus élevée et qui approfondissent le sujet comprennent que Jésus n'a pas voulu dire que l'argent était mauvais, mais plutôt que l'obsession de l'argent était un frein au bonheur dans cette vie et dans l'au-delà. Cette obsession est toutefois une rue à double sens : ceux qui se préoccupent de façon chronique de savoir s'ils auront assez d'argent pour payer leurs factures sont identiques d'un point de vue spirituel à ceux qui en amassent de manière obsessionnelle. Ces deux types d'obsession de l'argent sont enracinés dans la peur de ne pas avoir assez. Et cette peur sous-jacente nous prive du bonheur.

Lorsque nous croyons qu'il est normal de souffrir et de manquer de quelque chose ou que ce sont là des épreuves envoyées par Dieu, nous acceptons que la souffrance fasse partie de la vie. Cependant, quand nous croyons que Dieu est tout entier amour abondant et que ses créatures sont à Son image, nous réalisons qu'Il ne peut créer ni souffrance ni limites.

Mes longs entretiens avec Dieu, les anges et Jésus m'ont convaincue que Dieu ne veut pas que nous souffrions, et ce, en aucune manière. Comme tout parent aimant, Il désire que nous vivions heureux, paisibles et en sécurité. Dieu veut que nous consacrions notre temps et notre énergie à aider les autres en nous servant de nos talents et de nos penchants naturels. Tandis que nous aiderons les autres, Il veillera à ce que nous disposions d'assez de temps, d'argent, d'intelligence, de créativité et de toute autre chose dont nous avons besoin. Dieu sait que si nous nous inquiétons d'avoir assez, nous perdrons du temps et de l'énergie qui pourraient être mieux employés.

Ainsi, Dieu et les anges *veulent* vraiment nous aider ! Toutefois, la Loi du libre arbitre ne leur permet de le faire que si nous sollicitons leur aide. Le présent livre vous permettra de connaître les riches expériences qui s'offrent à ceux qui *demandent*.

Les anges et le passage au nouveau millénaire

Vous êtes très privilégié de vivre à cette époque de l'histoire humaine ; de toute façon, le seul fait de vivre constitue un miracle. Les anges m'ont enseigné que les âmes désireuses de vivre sur Terre sont plus nombreuses que les corps pouvant les accueillir. En fait, les âmes font la file en attendant que leur affectation sur Terre vienne de Dieu. Le fait que vous soyez ici, dans un corps humain, signifie que vous êtes un gagnant. Dieu vous a choisi pour venir ici en sachant que vos nombreux dons et talents profiteront à Ses autres enfants.

Voici un message des anges pour vous :

> *Vous êtes un enfant de Dieu, sacré et parfait comme tout autre être incarné actuellement. Nous comprenons que vous ne vous sentez peut-être pas toujours parfait et sacré, et que souvent vous n'agissez pas dans ce sens. Néanmoins, Dieu a créé votre âme et vous vous ressemblez littéralement « comme deux gouttes d'eau ». Il y a en votre âme une essence ou une lumière divine qui ne pourra jamais s'éteindre, être souillée ou vous être enlevée. Rien de ce que vous pourrez faire ne vous retirera votre patrimoine divin.*

Il est bon de vivre à notre époque car nous approchons la fin d'une ère durant laquelle les humains se sont comportés comme des animaux agressifs dépourvus de conscience spirituelle. Nous sommes à la charnière d'une époque où nous allons recouvrer collectivement nos dons spirituels d'intuition et de guérison. Quand l'intuition sera reconnue comme une caractéristique normale chez l'humain, ouvrez l'œil car le monde changera de manière radicale !

Imaginez un instant un monde peuplé d'êtres à l'intuition particulièrement fine. Plus nous accepterons cette aptitude comme innée, plus nous ouvrirons nos canaux de communication psychique d'essence divine. Des études scientifiques menées par des universités de premier plan telles que Princeton, la *University of Nevada*, la *University of Ohio* et Cornell apportent déjà la preuve que chacun de nous a le don potentiel d'envoyer et de recevoir des messa-ges té lé pathiques. Je dis « potentiel » parce que, comme pour tout don, il nous faut en avoir conscience et nous y exercer avant d'ê tre en mesure de bien en maî triser l'usage. Nombreux sont ceux qui deviennent intuitifs et qui s'ouvrent aux conseils divins. Dans ma pratique privé e, je suis impressionné e du nombre d'experts de haut calibre, tant des hommes que des femmes, qui me demandent des lectures angé liques. Ce sont des gens qui ne pensaient peut-ê tre jamais à la vie aprè s la mort, à Dieu ou à des ques-tions d'ordre spirituel il y a trois ou quatre ans. Cepen-dant, dans la renaissance spirituelle où nous baignons tous à pré sent, la conscience collective est tourné e vers le Ciel.

Pensez un instant à quoi ressemblera notre monde lorsque nous retrouverons tous notre conscience intuitive naturelle. Personne ne pouvant mentir à personne (les « petits et pieux mensonges » s'estomperont en de lointains souvenirs), des virages radicaux se produiront dans nos systè mes juridiques, é ducatifs et politiques. En outre, nous n'aurons plus besoin d'appareils technologiques pour com-muniquer les uns avec les autres.

Je crois que la finalité de vie d'un certain nombre d'entre nous est d'enseigner aux autres leurs vé ritables ori-gines spirituelles. À mon sens, la connaissance de la divini-té inté rieure est encore endormie en beaucoup de gens ! Ce derniers se perç oivent comme un corps flottant tel un mi-sé rable bouchon et agissant au gré du courant. Cependant, Dieu et les anges voient les choses autrement. Ils sont cons-cients du fait que nous cré ons notre ré alité par le biais d'in-tentions et de dé cisions conscientes.

« *De vos intentions naissent vos expériences* », aiment à dire les anges. Ce qu'ils veulent dire c'est que, au tréfonds de notre cœur et de notre esprit, ce sont nos attentes qui écrivent le scénario du film auquel nous participons et que nous appelons « la vie ». Si avant de vous engager dans une situation vous vous demandez « Qu'est-ce que j'attends vraiment qu'il se passe ici ? » vous deviendrez le plus grand voyant du monde, car vos attentes seront littéralement la prédiction de ce qui vous arrivera.

Le processus de purification

Nos goûts se modifient avec l'étude de la spiritualité. Nous perdons le désir de substances psychotropes, la violence dans les médias nous répugne et notre attirance pour nos amis et nos amours change. Les anges expliquent nombre de ces transformations comme découlant de notre « changement de fréquence ». Selon eux, chaque personne possède une fréquence vibratoire visible d'elle, qui ressemble beaucoup à l'image d'une voiture sur un oscilloscope ou aux ondes cérébrales de quelqu'un sur un écran de surveillance.

Les anges disent que notre fréquence s'ajuste en fonction de nos pensées et de nos émotions. Chez ceux qui s'inquiètent, se tourmentent et ont des obsessions, les fréquences sont basses, tandis que chez ceux qui méditent et prient régulièrement, elles sont plus hautes. Avec l'élévation de notre fréquence, nous sommes attirés par des situations, des gens, une nourriture et des énergies de fréquences plus élevées. Cela signifie également que nous ne sommes plus attirés par certains des amis et des événements qui nous ont un jour séduits.

Les vibrations entourant les problèmes d'ego — tels que la colère, la violence, une mentalité du manque (croire que cela ne vaut pas la peine d'aller voir) ou de victime (croire que d'autres vous maîtrisent et sont responsables de votre malheur), la compétitivité, la malhonnêteté et la jalousie — sont extrêmement basses. En revanche, les vibrations élevées entourent l'inclination à la spiritualité tels la méditation, la prière, la dévotion, l'aide désintéressée, le bénévolat, le travail de guérison, l'enseignement, le partage et les expressions de l'amour.

Les anges nous suggèrent d'éviter les situations à fréquences basses afin d'augmenter notre fréquence spirituelle. Ils tiennent tout particulièrement à ce que nous nous détournions des rapports des médias imprimés et télévisés faisant la promotion de la négativité.

Voici des transcriptions extraites de deux de mes séances de thérapie angélique dans lesquelles les anges ont demandé à mes clients d'éviter ce type de média.

Doreen : Il arrive un message de vos anges. Ils disent que, lorsque vous lisez, regardez ou écoutez les informations, cela vous bouleverse et exerce sur votre énergie une influence négative allant à l'encontre de vos désirs. C'est un message d'avertissement très ferme ; les anges disent : « *Ne prenez pas cela à la légère.* »

Barbara : C'est logique. J'écoute beaucoup les informations à la radio et ça me bouleverse ; alors, je crois que je vais réduire mon temps d'écoute.

Au cours d'une autre séance, les anges ont expliqué combien le peu d'estime de soi de l'une de mes clientes était exacerbé par les images et les messages négatifs qu'elle recevait en regardant les feuilletons télévisés et autres drames :

Michelle : J'ai parfois un sentiment de déception ou d'échec total, pas seulement pour moi-même mais aussi pour mon mari et ma fille. Est-ce que j'ai mal agi ou y a-t-il quelque chose que je ne fais pas ? J'aime beaucoup ma famille et je ferais n'importe quoi pour elle mais, en ce qui concerne mon mari, les choses ont changé (je pense). Il manque quelque chose et je me demande comment je vais ou comment nous allons le retrouver.

Doreen : Vous n'avez rien fait de mal ; cependant, les anges m'indiquent que vous êtes sous l'influence des médias, ce qui affecte vos pensées et donc votre vie. Est-ce que vous regardez beaucoup la télé ? (Michelle confirme qu'elle le fait.)
On dirait que vous absorbez la négativité des émissions de télé et cela influence vos pensées et votre vie. Pouvez-vous essayer d'éteindre la télé pendant une semaine et voir si cela fait changer les choses ?

Michelle a suivi le conseil de ses anges et découvert qu'en l'espace d'une semaine elle ne se passait plus mentalement le « scénario du pire ». Ayant abandonné l'habitude de voir sa vie dans l'optique des feuilletons de télévision, elle était capable de voir la douce beauté de sa vie de famille.

Changer de fréquence

Les anges sont là pour nous aider à guérir de bien des façons, que la situation découle de problèmes et des difficulté apparemment banaux ou d'autres qui semblent urgents ou d'ordre profondément spirituel. L'une de leurs fonctions de guérison est de nous aider à passer à la fréquence vibratoire la plus élevée. Ils désirent le faire, et ce, pour deux raisons. Tout d'abord, il s'agit d'un processus « ascensionnel ». Nous sommes tous en voie de découvrir que nous faisons Un avec Dieu. Lorsque nous le comprenons et le vivons vraiment, nous sommes en état d'ascension.

Ce type de connaissance influence en profondeur chacune de vos interactions avec les autres. Imaginez un instant votre vie si votre conscience était éveillée au fait que chaque être avec qui vous avez parlé était un aspect de votre moi divin. Vous ressentiriez un amour plein et total pour ces personnes et pour vous-même. Vous vivriez la vie comme l'expérience du paradis sur terre.

La seconde raison pour laquelle les anges désirent que nous augmentions notre fréquence, c'est que nous serons ainsi mieux adaptés à l'évolution de notre monde matériel. Le passage à un nouveau millénaire va apporter d'importants changements positifs dans nos systèmes de télécommunications, d'éducation, de gouvernement et de lois. Nos habitudes alimentaires vont radicalement se modifier, et notre espérance de vie considérablement augmenter.

Plus notre fréquence sera élevée, plus il sera facile de nous adapter à ces changements. Nous serons intuitivement conscients des changements à venir sur Terre comme les animaux peuvent prévoir les tremblements de terre et les tempêtes. La haute fréquence de nos corps leur permettra de se télétransporter, de se dématérialiser et de résister à des événements qui traumatiseraient un corps à fréquence basse. Nos esprits à fréquence élevée seront capables de faire manifester toute nourriture ou toute autre fourniture nécessaire.

Alors, les anges veulent vous aider à vous adapter à un monde en évolution en vous donnant l'énergie et les conseils qui feront augmenter votre fréquence. Ils vous envoient des signes et des signaux, des conseils divins, et interviennent dans votre vie et votre corps. De cette façon, ils vous aident à garder la paix de l'esprit. Après tout, la paix est l'un de nos principaux objectifs dans la vie et les anges sont là pour nous aider à y accéder. Nos anges chantent de joie lorsqu'ils nous voient en paix et heureux. Dans le prochain chapitre, nous examinerons en quoi ils jouent un rôle dans nos relations sentimentales.

CHAPITRE DEUX

Interventions angéliques dans la vie sentimentale

Les anges peuvent nous aider à surmonter nos problè-mes relationnels si nous le leur demandons. Appelez mentalement votre ange gardien ou celui de l'autre person-ne de votre relation et soyez témoin des miracles qui s'en-suivent.

Trouver un nouvel amour

Une femme du nom de Beth ayant demandé à ses anges de l'aider à trouver « le monsieur qui convient », ceux-ci se sont immédiatement mis au travail en bons marieurs célestes. Elle m'a raconté comment ses anges l'ont aidée à guérir sa vie amoureuse. Voici son histoire :

Je n'ai jamais vraiment pensé aux anges, mais un jour je vous ai entendue dire lors d'une émission à la radio qu'il fallait demander leur aide. Alors, j'ai décidé d'essayer. Je leur ai demandé s'ils pouvaient m'aider à trouver un homme qui me convienne. Moins d'une semaine plus tard, j'ai rencontré un homme extraordinaire. Nous nous sommes entendus à merveille instantanément. Je crois que nous étions faits l'un pour l'autre. C'est impressionnant de voir les objectifs et les choses que nous avons en commun. Alors, inutile de le dire, j'ai une nouvelle façon de voir les anges et je me suis mise à leur demander de l'aide plus souvent.

Les conjoints qui se pardonnent mutuellement

Les anges aident également les couples ayant une relation solide à renforcer les liens d'amour qui les unissent. Barbara était une étudiante de mon cours de conseil spirituel. Excellente en lecture angélique, elle avait de merveilleuses capacités pour l'étude et pour le travail individuel. S'initier à la spiritualité et à la guérison l'intéressait réellement et elle était déterminée à le faire. Au cours de l'une des classes, j'ai dirigé des lectures angéliques pour quelques étudiants ; Barbara faisait partie du groupe.

Sa question aux anges, pendant cette séance, avait trait au fait qu'elle et John, son mari, avaient eu beaucoup de disputes. Elle demandait si les anges voyaient venir un divorce ou si elle était supposée rester mariée. Par mon intermédiaire, les anges ont dit : « *Vous avez rempli l'objectif de votre mariage. À présent, vous avez le choix de rester ensemble ou de vous séparer. Ce choix vous appartient entièrement.* » Barbara a tranché qu'elle voulait rester mariée et s'est mise à prier pour une intervention spirituelle.

Je vais laisser Barbara décrire ce qui s'est passé une fois qu'elle eut remis son mariage à Dieu et aux anges :

Cela faisait environ un an que mon mari et moi avions des problèmes conjugaux. Dimanche soir, après la séance de lecture angélique au cours de laquelle j'ai remis mon mariage à Dieu, mon mari a touché le fond d'un point de vue spirituel. Depuis de nombreux mois, nous vivions tous deux dans le ressentiment et l'amertume à l'égard l'un de l'autre. Après avoir piqué une colère, John m'a demandé si nous pouvions parler. Je savais que les anges me protégeaient parce que je leur avais demandé de m'entourer ; alors, j'étais très calme pendant tout ce temps.

John m'a dit qu'il se demandait où était Dieu dans les turbulences de notre mariage. Je lui ai rappelé que Dieu ne peut œuvrer à travers nous que si nous Le laissons agir. À ce moment-là, John s'est écrié en demandant à Dieu de venir l'aider. Les anges me poussaient du coude eux aussi en disant : « *Bon, Barbara, tu sais quoi faire ! Il est temps de joindre le geste à la parole !* » J'ai guidé John dans l'exercice de « l'enclos du pardon » [ce puissant exercice de guérison est reproduit dans les annexes du présent livre].

J'ai expliqué à John ce qu'il en est de l'ego et lui ai dit que c'étaient nos ego qui se disputaient et non nos moi véritables. Nous avons échangé à propos de Dieu et de nos croyances spirituelles jusqu'au petit matin. Notre relation a pris un virage important. Le lendemain, je ne suis pas allée travailler et suis restée à la maison avec John, et nous avons continué à partager et à reconstruire. Cela a été une expérience incroyable. Nous avons parlé du choix que nous faisions tous les deux de nous engager à nouveau envers notre amour et notre relation.

Le jour suivant, un splendide samedi ensoleillé, John et moi avons fait l'exercice « *Pardonnez, libérez-vous dès à présent* » [requis pour être diplômé de mon programme d'agrément en conseil spirituel, cet exercice figure également en annexe]. Nous avons pris la voiture et nous sommes rendus à l'un de nos sites préférés ; là, nous avons trouvé un endroit où coulait un ruisseau avec une chute minuscule, ce qui fait que nous pouvions entendre l'eau s'écouler.

Nous étions assis côte à côte mais nos mots s'écoulaient en parallèle, chacun travaillant silencieusement sur sa propre liste de pardons. Quand j'ai eu fini la mienne, je suis descendue jusqu'à l'eau pour procéder à la partie « libération » de l'exercice. Les deux derniers noms de ma liste étaient celui de John et le mien. Je me suis pardonné à moi-même au bord de l'eau, mais j'ai gardé le pardon qui libère pour l'exprimer en personne à John lorsque je l'aurais rejoint sur la digue.

Avant de quitter le ruisseau, j'ai vu voleter près de moi un minuscule papillon bleu lavande. Ensuite, John m'a dit que, tandis qu'il nommait chaque personne de sa liste de pardons, il tenait mentalement celle-ci dans sa main puis ouvrait sa main et libérait la personne comme un papillon. Après nous être totalement pardonné et libérés mutuellement, nous sommes restés à apprécier la beauté et la sérénité des alentours. Nous nous sentions tous deux tellement légers et libres !

L'amour que nous éprouvons à présent l'un pour l'autre et pour nous-mêmes ne ressemble à rien de que nous avions déjà ressenti ! Comme a dit John, c'est comme si nous avions subi l'un et l'autre une révision spirituelle, émotionnelle, mentale et physique ! Quel changement positif cette semaine !

Je suis convaincue que le fait que John ne se pardonnait pas à lui-même a été à l'origine de sa dépression. À présent que ce refus du pardon n'est plus là, le voile de la dépression se lève. Mon ressentiment et mon amertume à son endroit ont eux aussi disparu. En nous pardonnant à nous-mêmes et l'un à l'autre, nous nous sommes permis de porter sur l'autre un regard nouveau. Cela me surprend de voir à quel point nous avions tous deux laissé faiblir notre étincelle intérieure et quelle flamme elle est redevenue.

Avenirs probables

Il est rare que les anges parlent de notre avenir comme étant gravé dans le marbre. Ils disent plutôt que nos avenirs probables reposent sur notre système de pensée actuel. Si les modèles de pensée de mes clients changent significativement dans un sens positif ou dans un sens négatif, il en ira de même pour leur avenir. C'est ce que les anges ont expliqué à mon client Kevin, lorsqu'il a exprimé ses peurs à propos de l'avenir et de son mariage :

Kevin : Mon enfant va bientôt quitter la maison, principalement pour échapper à la manière dont les choses s'y passent, je pense. Je ne peux pas dire que je le lui reproche. Ce n'est pas toujours agréable ; en fait, parfois cela tourne rudement mal. Quand il sera parti, est-ce que ça va aller pour lui, et que va-t-il advenir de ma vie de famille ? Est-ce qu'elle va s'améliorer ou empirer ? Est-ce que ma femme et moi resterons ensemble ou bien allons-nous nous séparer ?

Doreen : Les anges disent que vous passez en ce moment par des changements majeurs. Ils vous sont reconnaissants de contempler votre monde intérieur et d'accepter votre responsabilité dans bien des aspects de votre vie. Toutefois, ils vous mettent en garde de ne pas vous faire de reproches, mais de simplement dresser un inventaire et d'ajuster votre ligne de conduite en fonction de votre évaluation.

Actuellement, votre mariage n'est pas gravé dans le marbre. Vous avez le réel pouvoir de le sauver et de faire en sorte qu'il marche. Cependant, il vous faut faire confiance et garder une perspective d'amour positive. Pour ce faire, il se peut que vous ayez besoin d'un soutien complémentaire tel qu'un conseiller, un groupe d'étude spirituelle ou un ami intime avec qui parler.

Personne ne vous reproche rien, à part vos attentes. Cependant, si vous croyez que les autres vous blâment, cela va se réaliser comme une prophétie autoaccomplie. J'espère de tout cœur que vous ferez le choix de vivre les miracles de la guérison dont les anges tentent de vous faire profiter. Vous serez présent dans mes prières.

L'amour ne meurt jamais

Le cas suivant montre en quoi un bon mariage est réellement éternel, même lorsque l'un des époux meurt. Souvent, celui qui est décédé devient un marieur angélique pour le survivant.

Annette : Je sors avec un homme dont la femme est morte et je sens que quelqu'un me dit que tout va bien. Se pourrait-il que ce soit le message d'un ange ou même de sa femme ? J'ai l'impression d'un message de réconfort.

Doreen : Oui, vous êtes très intuitive ! Sa femme vous encourage dans cette relation parce qu'elle voit l'influence positive qu'elle a sur lui. Elle est au-dessus de tout sentiment de jalousie et veut seulement voir l'amour — la seule chose qui soit réelle et qui compte — briller radieusement en vous deux.

Félicitations pour la merveilleuse relation que vous manifestez et le contact que vous avez avec vos dons intuitifs naturels.

Un ange chez Ma Bell

Les anges insistent toujours sur l'importance d'une communication sincère et claire dans nos relations. Un thérapeute ayant suivi mes cours de thérapie angélique a rapporté comment les anges ont aidé un couple à communiquer avec clarté dans le cas suivant :

> Ma cliente avait tenté à maintes reprises de joindre son ami avec son téléphone cellulaire, mais elle tombait continuellement sur de la friture. Elle était réellement ennuyée parce qu'elle avait besoin de le joindre immédiatement. Alors, je lui suggéré (sachant que l'un de ses anges gardiens s'appelait Bell) ceci : « Pourquoi ne pas appeler Bell à l'aide ? » Elle l'a fait et, l'instant d'après, la ligne était parfaitement claire et elle pouvait envoyer son message urgent ! Par la suite, elle a avoué qu'elle ne pensait jamais à demander de l'aide à ses anges pour des choses comme celle-là.

Prières angéliques pour votre vie amoureuse

Voici deux exemples de prières à utiliser lorsque vous travaillez avec les anges à guérir votre vie amoureuse. Si vous le désirez, faites-les varier à votre manière afin de les adapter aux circonstances qui vous sont propres. Vous pouvez les dire à haute voix, mentalement ou encore les écrire. Dieu et les anges sont à l'écoute de l'ensemble de vos pensées, sentiments et intentions. La prière est un moyen très puissant pour prendre contact avec le Ciel à des fins de guérison.

PRIÈRE POUR TROUVER L'ÂME SŒUR

Cher Dieu,

Je Te demande ainsi qu'aux anges de l'amour de m'aider à vivre une merveilleuse relation sentimentale avec mon âme sœur. S'il te plaît, donne-moi des conseils clairs pour trouver mon âme sœur et aide-nous à nous rencontrer et à profiter l'un de l'autre au plus vite. Je demande Ton aide pour provoquer les circonstances qui me permettront de vivre sans délai cette magnifique relation. Je T'en prie, aide-moi à guérir et à libérer mon esprit, mon corps ou mes émotions de tout blocage qui pourrait me faire craindre le grand amour. Je T'en prie, aide-moi à entendre et à suivre les conseils divins que Tu me donneras, et qui me conduiront à trouver et à apprécier cette relation avec mon âme sœur. Je sais que cette personne me cherche avec la même ferveur que celle avec laquelle je la cherche. Nous Te demandons tous deux de nous réunir et de nous aider à connaître et accepter les grâces du grand amour. Merci.

PRIÈRE POUR AMÉLIORER UNE RELATION AMOUREUSE

Dieu très aimé,

Je Te demande ainsi qu'aux anges de m'aider à améliorer ma vie amoureuse. J'ai le désir de me libérer de tout refus de pardonner que je pourrais avoir en moi à mon égard et à celui de mon partenaire, et je demande que les anges me purifient de toute colère ou de tout ressentiment. Je T'en prie, aide-nous, mon partenaire et moi, à nous voir l'un l'autre avec les yeux de l'amour. Je demande que les conséquences de nos erreurs soient effacées dans toutes les directions du temps. Je T'implore de travailler avec mon partenaire afin que chacun ait à offrir à l'autre l'harmonie, la poésie, l'amitié, le respect, l'honnêteté et un grand amour. Je Te prie de renouveler notre amour et T'en remercie.

⚓ ⚓ ⚓

L'amour est déjà en chacun de nous ; aussi n'avons-nous pas besoin de quelqu'un d'autre dans notre vie pour nous sentir aimés. Cependant, l'expression de l'amour venant d'une autre personne ou dirigée vers elle apporte une profonde satisfaction. C'est pourquoi les anges sont si désireux de nous aider à parvenir à une relation avec l'âme sœur et à la conserver. Ils sont également désireux de nous aider dans d'autres types de relations, par exemple celles que nous avons avec nos amis et avec les membres de notre famille, comme vous le lirez dans le prochain chapitre.

CHAPITRE TROIS

Bénédictions angéliques pour la famille

De même qu'ils nous aident dans nos relations amoureuses, les anges nous guident dans nos interactions avec nos enfants et avec les autres membres de la famille.

Les anges et les nouveaux enfants de lumière

Selon les anges, il y a parmi nous un nouveau « type » d'humains. Particulièrement clairvoyants, déterminés et extrêmement imaginatifs, ils sont là pour marquer le début d'un nouvel âge de paix. Ces êtres puissants et intuitifs ne tolèrent guère la malhonnêteté et ils ignorent comment supporter les discussions inutiles et les tâches insignifiantes. Après tout, leurs âmes ont choisi de s'incarner sur Terre à cette époque-ci de manière à enseigner aux autres l'importance de dire la vérité et de vivre en harmonie.

Qui sont ces mystérieuses personnes ? On les appelle souvent « enfants de lumière », « enfants du millénaire » et « enfants indigo ». Ils sont nés dans les années 1980 et 1990 de façon à atteindre l'âge adulte d'ici 2012, époque à laquelle est annoncé le nouvel âge de paix. Il existe aux Éditions Ariane un livre de Lee Caroll et Jan Tober dont j'ai été auteure collaboratrice, et qui est entièrement consacré à ce sujet : *Les enfants indigo*.

L'ennui, c'est que ces enfants particuliers sont élevés alors que tire à sa fin la vieille énergie dans laquelle les gens se mentent encore les uns aux autres, sont encore en compétition parce qu'ils croient que les ressources sont limitées et se consacrent encore à des activités vides de sens. Ne disposant pas des capacités permettant de faire face à ce qui subsiste de cette civilisation qui appartiendra bientôt au passé, ces enfants se sentent inexpérimentés et vulnérables.

Disons par exemple que Bobby est un enfant de lumière âgé de neuf ans. Enfant, il a vu des anges avec qui il communiquait clairement. Il a souvent des visions de l'avenir, et fait à ses amis et aux membres de sa famille des prédictions psychiques qui s'avèrent exactes. Bobby a son franc-parler et ne se gêne pas pour dire ce qu'il pense lorsqu'il a l'impression qu'on a commis une injustice.

À l'école, Bobby a des difficultés à venir à bout de ce qu'il perçoit comme étant des activités dépourvues de sens. Il sait au fond de son âme que le système éducatif actuel sera remplacé par un autre plus en rapport avec la vie quotidienne. Cependant, vivant à l'époque du système *en vigueur*, il lui faut trouver un moyen de s'en accommoder.

Heureusement, bien des pairs de Bobby ressentent les choses de la même façon, étant eux aussi des enfants de lumière. Au moins Bobby ne se sent-il pas totalement seul.

Bobby sait intuitivement qu'il a un grand dessein à accomplir dans sa vie. Il pressent qu'il va aider beaucoup de gens, mais il n'est pas tout à fait sûr de la manière dont cela va se passer. Tout ce qu'il sait c'est que, chaque fois qu'il se réveille, il se sent comme si son âme avait voyagé jusqu'à une école lointaine où on lui enseigne des sujets qui l'intéressent vraiment et qui ont l'air d'avoir beaucoup de sens, par exemple l'organisation géométrique de la matière, les lois universelles de cause à effet et l'avenir probable de la Terre et de l'humanité.

En revanche, tout apprendre de Christophe Colomb et de la grammaire lui semble sans importance. Il s'ennuie et s'inquiète, et son attention vagabonde. Pour finir, le professeur envoie Bobby chez le psychologue scolaire, qui le dirige vers un médecin pour une évaluation. Le diagnostic est rapide : trouble déficitaire de l'attention. Sur le chemin de la maison, la mère de Bobby se procure le Ritalin prescrit.

Bobby se sent *réellement* mieux avec le Ritalin. Les choses ne semblent pas lui importer autant quand il en prend. Avec ce médicament, il se sent moins irrité par le fait que ses devoirs sont sans rapport avec la finalité de sa vie. En fait, le Ritalin a pour effet que Bobby ne se soucie plus de certaines choses, comme parler aux anges et se lancer dans un voyage de l'âme pendant la nuit. Grâce au diagnostic et à la prescription, Bobby est à présent une personne normale, incapable de se rappeler la mission de sa vie.

Ce n'est qu'une question d'intégrité

Les anges disent que les années précédant le passage au nouveau millénaire et celles venant juste après sont consacrées à nous aider à tout apprendre de l'intégrité. En d'autres mots, la mission collective de notre vie actuelle est la fidélité à nous-mêmes. Cela signifie également la fidélité aux autres, y compris à nos enfants.

Il y a environ une dizaine d'années, nous, les psychologues, mettions en garde les parents de ne pas confondre l'amitié et les rapports entre les parents et les enfants. Nous sermonnions les parents pour qu'ils n'aient pas de discussions cœur à cœur avec leurs enfants, de crainte qu'ils n'en fassent trop vite des « parents » en leur donnant de l'information qu'ils n'étaient pas en âge de gérer.

Cependant, les enfants du nouveau millénaire ont besoin d'intimité avec les autres, tant sur le plan émotionnel que sur celui de la communication. Ils se nourrissent d'honnêteté ! Si une enfant de lumière sent que quelque chose ne va pas, par exemple dans le mariage de ses parents, il est destructeur pour ces derniers de lui dissimuler la vérité. Il est bien plus sain pour eux de discuter ouvertement avec elle de la situation (en utilisant des termes et des expressions appropriés à son âge) que de lui faire croire qu'elle est folle parce que ses impressions vont à contre-courant des propos de ses parents.

Les anges ont une opinion très arrêtée à propos des enfants de lumière, en partie parce qu'ils ont l'impression d'en être les protecteurs. Ils gardent ces enfants pour garantir que ces derniers mèneront leur mission à bien. Voici ce que disent les anges :

Écoutez bien, parents des anné es 1990. Vous avez une mission extrê mement importante à accomplir. Vous devez vous assurer que vos enfants demeurent intuitifs et trè s proches de la nature. Ne les poussez pas à ré ussir aux dé pens de la finalité de leur â me. N'oubliez pas que notre finalité est la force qui nous guide et que, sans direction, vos enfants se sentiront perdus, seuls et effrayé s.

Alors, il vaut mieux que vous, parents, dirigiez l'attention de vos enfants vers les é tudes spirituelles puisque c'est là la vé ritable nourriture qui garantira leur croissance et leur survie. Nous, les anges, nous sommes là pour vous aider et nous n'interfé rerons ni ne vous bloquerons dans votre rô le de parents. Permettez-nous simplement de jeter une lumiè re nouvelle sur des situations difficiles — c'est une tâ che que nous accomplissons le cœur en joie — tout simplement en nous invitant ouvertement à intervenir pour une gué rison. N'ayez jamais l'impression que Dieu n'entend pas vos priè res, car Il nous envoie auprè s de vous à l'instant où vous en faites la demande.

Dans les cas pré sentés ci-aprè s, vous verrez en quoi les anges sont des guides fermes et sûrs pour les parents. Ils discutent de tous les aspects de l'é ducation des enfants, de la conception aux problè mes de comportement des adolescents. Je crois que les anges sont particuliè rement soucieux de nos enfants. Aprè s tout, ces derniers sont dans un sens les anges de Dieu sur Terre et, de ce fait, ils sont là pour accomplir une importante mission.

Des cigognes et des anges

Ma conception a été entourée d'une expérience miraculeuse et c'est en partie pour cette raison que mes parents m'ont immergée dans l'étude spirituelle durant mon éducation. N'ayant pas d'enfants après plusieurs années de mariage, ils voulaient désespérément un bébé. Ma mère a fini par déposer une demande de prières dans une église de la Pensée nouvelle pour que les paroissiens prient afin qu'elle conçoive un enfant. Trois semaines plus tard, elle était enceinte.

Mes clients et les membres de mon public sont nombreux à me poser des questions sur la conception et l'accouchement. On me demande fréquemment : « Quand aurons-nous un enfant ? » ou « Quel sera le sexe de mon futur bébé ? » ou encore « Mon bébé naîtra-t-il en santé ? » Comme vous allez le voir, les anges font face à ces questions avec sincérité et amour.

Très souvent, je parle avec l'esprit d'enfants demeurés avec leur mère à la suite d'une fausse couche ou d'un avortement. Ces enfants sont heureux. Ils se sont bien adaptés et désirent simplement être avec leur mère pour l'aider et la guider ou, si elle est à nouveau enceinte, afin d'avoir les « meilleurs atouts » pour habiter le nouveau corps et naître en bonne santé. Ceux qui n'ont pas d'autre occasion de naître grandissent « de l'autre côté du visible » et atteignent à peu près la taille qu'ils auraient eue s'ils étaient nés à terme. En passant, les enfants avortés ne gardent aucune rancune ; leur âme est aussi pure que jamais.

Des nounous angé liques

Les anges me rappellent les bonnes d'enfants et les nounous affectueuses. Àl'instar de Mary Poppins, ils a- doptent une position ferme mais douce lorsqu'il s'agit de la manière d'élever nos enfants (qui à leurs yeux sont en réalité les enfants de Dieu). Francs et directs, ils sont tou- jours aimants. Ils adorent que l'on fasse appel à eux pour des questions et de l'aide concernant l'éducation des en- fants !

Janet : J'ai deux filles magnifiques et j'attends un autre enfant. Je veux savoir si les anges peuvent me dire comment être une meilleure mère pour mes enfants sur le plan spirituel ?

Enfant, j'étais très sensible et je parlais à des gens que je voyais au plafond jusqu'à ce que mes peurs les chassent. Mon frère, qui est mort lorsque j'avais huit ans, venait à moi en rêve. Ma fille aînée a peur du noir ; elle parle en dormant et fait des cauchemars dont elle ne se souvient jamais le ma- tin. A-t-elle peur des esprits, des anges ou de cer- tains souvenirs de vies passées ? Comme puis-je l'encourager pour qu'elle n'ait pas peur ? Je pense qu'elle est effrayée parce qu'elle sait que nous som- mes toujours entourés d'esprits et d'anges et que, sans les voir, elle les sent ou les entend.

Quand j'avais son âge, j'avais peur des voix que j'entendais et je les ai refoulées. Àprésent, je veux de nouveau les entendre parce que je suis prête à les écouter. Ma plus jeune fille est tout bonnement une lumière. Elle est heureuse et j'ai périodiquement une peur terrible qu'elle me soit enlevée. Pouvez-vous me dire comment je pourrais être une meilleure mère pour mes filles ?

Doreen : Les anges disent que vous êtes une maman merveilleuse ! Ils vous rappellent que les intentions sont ce qui importe le plus et ils savent que désirez ardemment être une excellente maman. Tout ce qui compte, c'est la sincérité de vos intentions !

Il n'y a aucun doute : vos filles voient les anges et interagissent avec eux, ce qui peut parfois les effrayer. Tenez-les dans vos bras, parlez-leur et soyez là pour elles, et puis dites-leur toujours sincèrement vos sentiments : c'est tout ce dont elles ont besoin venant de vous pour l'instant.

Vous vous sentez un peu épuisée et émotive à cause de votre grossesse, et c'est pourquoi vous avez un léger sentiment de culpabilité. Il vous semble que, présentement, vous ne pouvez vous consacrer à vos enfants comme vous aimeriez le faire, et c'est la vérité ! C'est une période d'ajustement pour vous toutes, un moment pour permettre à vos filles de grandir un peu de manière à ce que vous ne soyez pas toujours épuisée. Ainsi, vous vous sentirez plus stimulée et de meilleure humeur, ce qui est en fait le cadeau que vos enfants attendent le plus de vous.

Les anges et les problè mes des adolescents

Dieu et les anges sont des aides de gé nie lorsqu'il s'agit des difficulté s de nos adolescents. Tout ce que nous avons à faire, c'est de demander puis de suivre leurs impressionnantes recommandations, comme l'a fait mon é tudiante en counselling, Jackie Saunders.

Son fils adolescent ayant eu des problè mes terribles à l'é cole et à la maison, Jackie é tait tellement bouleversé e qu'elle en é tait tombé e malade. En dé sespoir de cause, elle s'est tourné e vers Dieu pour lui demander son aide. « Mon Dieu, il me faut un miracle, a-t-elle dit avec fermeté. J'ai besoin que Tu m'aides à venir au secours de mon fils immé diatement. »

Quelques minutes plus tard, Jackie a entendu une voix lui dire distinctement : « Va tout de suite au lave-auto Danny's Family. » Jackie savait que les conseils divins viennent parfois de maniè re bizarre, mais là c'é - tait franchement le comble. « Au lave-auto Danny's Family ? a-t-elle demandé. Alors, confirmant ce qu'elle avait entendu, la voix a dit : « Oui, va tout de suite au lave-auto Danny's Family et dé pê che-toi ! »

Alors, Jackie s'est pré cipité e dans sa voiture, ne sachant pas tout à fait pourquoi, mais en se conformant aux ordres de la voix qu'elle avait entendue. À peine arrivé e au lave-auto, le pré posé lui a dit : « Nous allons cirer votre voiture et la briquer à moitié prix. » Comme Jackie lui disait qu'elle n'avait pas le temps, le pré posé a ré pondu : « Oui, vous l'avez. » Alors, Jackie a accepté la situation et laissé briquer sa voiture.

Elle s'est assise en attendait son auto. Soudain, elle a remarqué dans le coin un homme qui dormait, une pile de livres contre son ventre. En y regardant de plus près, elle a vu qu'il s'agissait de livres sur la « psychologie de l'adolescent ». Sans réfléchir, Jackie a réveillé l'homme en question et lui a demandé ce qui l'intéressait dans le comportement des adolescents.

Après s'être secoué pour se réveiller, l'homme a expliqué en souriant combien l'adolescence de son fils avait été source d'ennuis. Puis il avait découvert une psychologue qui faisait des miracles avec les garçons de cet âge et à présent son fils allait très bien. Les livres qu'il lisait lui avaient été recommandés par cette psychologue.

Jackie tremblait d'enthousiasme. « Oh, s'il vous plaît, donnez-moi le nom de cette femme ! » a-t-elle imploré. Lorsque l'homme lui a donné le nom et le numéro de téléphone de la psychologue, elle a senti que sa demande d'aide avait été entendue et que c'était là la réponse. Sur le chemin du retour, elle se sentait sereine et projetait d'appeler cette dame dans les tout prochains jours afin de prendre un rendez-vous pour son fils.

Le lendemain matin, vers six heures, Jackie a entendu la voix intérieure qui lui avait conseillé de conduire sa voiture au lave-auto lui dire cette fois : « Appelle immédiatement cette docteure. » Elle faisait référence à la psychologue pour adolescents.

« Mais il n'est que six heures du matin ! » a-t-elle rétorqué.

« Appelle immédiatement cette docteure » a répété la voix. Elle va quitter la ville très tôt ; il faut donc que tu l'appelles maintenant. »

Se fiant à ce conseil, Jackie a té lé phoné à la psychologue en s'excusant d'appeler si tô t. Sachant qu'elle l'avait ré veillé e, elle craignait de se la mettre à dos. Alors, elle s'est vite empressé e de lui expliquer la raison de son appel : « Je vous en prie, j'ai besoin de prendre un rendez-vous pour que mon fils vous voie. »

« Mais, je pars hors de la ville cet aprè s-midi, a dit la docteure. De plus, je ne travaille qu'avec cinq adolescents en mê me temps et je m'occupe dé jà de six. »

Jackie savait que le conseiller divin ne l'aurait pas conduite vers cette docteure sans raison, aussi a-t-elle insisté : « Je ne peux pas l'expliquer, mais je sais qu'il est trè s important que mon fils vous voie immé diatement. »

Quelque chose dans la voix de Jackie a dû impressionner la psychologue ou peut-ê tre les anges sont-ils intervenus. Peu importe, Jackie a poussé un soupir de soulagement lorsque la docteure a dit : « Entendu, je verrai votre fils ce matin à 8 h 30. C'est la seule place que j'ai avant de partir en voyage pour une semaine. »

Cette psychologue ayant fini par le prendre comme client, le fils de Jackie s'est é panoui grâ ce aux soins attentifs qu'elle lui a prodigué s. Aujourd'hui, il est heureux et bien adapté, et Jackie est trè s reconnaissante à Dieu et aux anges d'avoir ré pondu à sa priè re en l'envoyant au lave-auto Danny's Family !

Les gué risons angé liques

Plus de 300 é tudes bien documentée s montrent l'effet statistiquement significatif de la priè re sur la gué rison de notre corps maté riel. Les chercheurs savent que ce phénomène ne s'explique ni par l'effet placebo ni par celui de l'imagination. Après tout, beaucoup d'études concernent des sujets ignorant que l'on prie pour eux ; dans certaines, on a montré les effets positifs des prières sur des végétaux et des nourrissons, qui peuvent sentir que l'on prie pour eux mais n'en ont pas conscience.

De nombreuses études sont menées à « double insu », ce qui signifie que les patients ignorent si l'on prie ou non pour eux et que les chercheurs et les médecins ne le savent pas non plus. Néanmoins, ceux pour qui on prie vivent généralement plus longtemps, guérissent plus vite et nécessitent moins de médicaments que ceux pour lesquels on ne prie pas.

J'ai reçu des dizaines de témoignages spontanés de personnes disant qu'elles ou des membres de leur famille ont été guéris parce qu'ils avaient demandé que leur soient envoyés des anges guérisseurs. Dans l'histoire suivante, mon étudiante en counselling Karen Montano rapporte que sa fille Jourdan a même vu l'ange s'affairant à la guérir !

Je laisse Karen raconter directement son histoire :

> Mon mari et moi avons dû emmener notre fille Jourdan (6 ans) aux urgences à l'hôpital. Elle avait 40 de fièvre, mal au dos et à l'abdomen. Avant que le docteur n'entre dans la salle de traitement, j'ai fermé les yeux et prié en appelant l'archange Michael et tous les anges de ma fille pour qu'ils viennent sur les lieux.
>
> En ouvrant les yeux, j'ai vu un ami de notre famille, mort l'année précédente, se tenir au pied de la civière roulante, tourné vers la tête de ma fille ! Il avait l'air d'effectuer un genre de travail de guérison en lui imposant les mains.

Ensuite, j'ai vu sur le seuil de la porte une de mes tantes que j'aimais beaucoup et qui venait de mourir six semaines auparavant. Elle m'a dit en souriant : « Tout va bien se passer ! » puis elle a tourné la tête. Alors, comme si elle s'était occupée de la circulation, elle a fait des signes avec ses bras aux âmes qui se promenaient dans le couloir en leur disant : « Tout va bien ! On n'a pas besoin de vous dans cette salle. C'est bien... continuez simplement votre chemin... continuez d'avancer vers la lumière ! » Cela a été une expérience des plus paisibles et j'ai su que tout allait bien se passer.

Jourdan est à la maison à présent et elle se sent bien. Elle dit clairement se souvenir de ma tante travaillant sur son corps et l'aidant à guérir.

L'amour éternel d'un enfant

Certaines des séances qui me chavirent le plus le cœur sont celles où je suis amenée à parler aux enfants défunts de mes clients. J'en ai mené plusieurs durant lesquelles des enfants qui s'étaient suicidés expliquaient leur geste et se confondaient en excuses. J'ai parlé à des dizaines d'adolescents morts dans de tragiques accidents de voiture. De plus, j'ai aidé des parents dont les enfants avaient été assassinés à comprendre l'enchaînement des événements ayant entouré le décès de leur enfant.

Ces cas me font souvent venir les larmes aux yeux. Voici ci-après la transcription d'une séance particulièrement poignante, au cours de laquelle un jeune homme décédé exprime son amour à sa mère toujours en vie.

Ginny : Voyez-vous quelque chose à propos de mon fils qui est mort ?

Doreen : Comment s'appelle-t-il ?

Ginny : Robert.

Doreen : Entendu. Robert, Robert. [Je répète plusieurs fois le nom de la personne pour qu'elle quitte le plan de l'au-delà. Il y avait environ deux minutes que j'appelais Robert lorsque j'ai vu un grand jeune homme apparaître juste à côté de Ginny.] Était-il grand ?

Ginny : Oui.

Doreen : Je vois en ce moment un grand jeune homme à un pas de vous, tout dégingandé, avec un visage jeune. Il est habillé à l'ancienne mode. Son visage est si jeune qu'il est difficile de dire quel était son âge. Il pouvait avoir entre 18 et 25 ans.

Ginny : Oui, c'est lui. Il avait 22 ans et était atteint d'une déficience mentale.

Doreen : Il est juste à votre gauche, mais il n'est pas toujours avec vous. Robert est très calme et dégage une énergie sereine. Il indique d'un geste qu'il s'amuse beaucoup de l'autre côté. Il me montre une image de lui en train de courir. J'ignore si vous en savez beaucoup sur le plan de l'au-delà, mais il comporte des niveaux et des couches différents. Certaines régions de l'au-delà ressemblent exactement aux plus belles régions de la Terre.

Dans le plan de l'au-delà, les gens créent ces images d'une vie semblable à la vie sur Terre à partir de leurs images mentales. Robert vit dans une région très rurale et il me montre une image sur laquelle il court à travers champs, les bras écartés comme s'il volait.

Ginny : Il adorait la ferme.

Doreen : Eh bien, dans le plan de l'au-delà, il vit dans un endroit qui ressemble à une ferme et il avoue qu'il se sent très libre. Il dit : « Maman, ne sois pas triste. » Il dessine la lettre « l » à moins que ce ne soit un « j » ? Robert savait-il écrire ?

Ginny : Il savait écrire son nom et quelques mots simples.

Doreen : Oh oui, c'est un J et il a écrit « Je t'aime. »

ॐ ॐ ॐ

Sur le chemin spirituel, les relations se transforment

Bien sûr, l'étude de la spiritualité peut changer votre vie de bien des manières. Elle vous ouvre à de nouvelles possibilités, à des interventions miraculeuses et à des guérisons. En outre, elle modifie considérablement vos relations.

La question des relations est probablement le plus grand souci de ceux qui suivent le chemin spirituel. Vous pouvez vous inquiéter de savoir si vos amis et votre famille resteront en contact avec vous étant donné vos nouveaux centres d'intérêt et vos perspectives différentes sur la vie. Vous pouvez découvrir que vous vous désintéressez de vieux amis et rechercher ardemment de nouvelles amitiés avec des gens qui partagent vos idées.

Vous pouvez aussi vous préoccuper de la manière dont votre famille réagira à votre cheminement spirituel. Les personnes élevées selon les religions traditionnelles peuvent s'attirer la vive opposition de certains membres de leur famille qui regardent avec des yeux apeurés la métaphysique et la spiritualité non traditionnelle.

Les changements sont inévitables lorsque vous ouvrez vos pensées, votre cœur et votre vie à l'Esprit. Cela peut déboucher sur des expériences merveilleuses, splendides, si vous vous autorisez à faire confiance au processus. En revanche, vous pouvez vivre des expériences effrayantes et douloureuses si vous vous cramponnez à la manière dont vous pensez que les choses *devraient* être ou si vous craignez de perdre des gens. De telles craintes se réalisent souvent d'elles-mêmes.

Heureusement, les anges sont présents pour vous guider dans ces changements et aplanir votre chemin.

Changer de mentalité, changer ses amitiés

« Au cours de mes études spirituelles, j'ai pris certaines décisions en vue de changer ma manière de vivre », m'a expliqué Celia, une personne de mon public. « Premièrement, j'ai décidé d'arrêter de faire des commérages ou de parler des gens avec condescendance. L'étude spirituelle m'a fait prendre conscience du fait qu'en réalité je me faisais mal à moi-même chaque fois que je faisais des potins ou que je disais du mal de quelqu'un. »

Au départ, cette décision a mis Celia mal à l'aise, car le commérage était un passe-temps auquel elle s'adonnait régulièrement avec ses meilleures amies. Comment ces dernières réagiraient-elles si elle n'y prenait plus part ? Alors, Celia a demandé un conseil divin sur la manière de gérer la situation. Ce qu'elle a reçu par le biais d'impressions intuitives et émotives était une véritable réponse à ses prières.

« Je savais que je devais aider mes amies à apprendre que c'est plus amusant de ne *pas faire* de commérages que d'en *faire* ! a expliqué Celia. Après tout, nous en faisions parce que nous pensions que c'était la meilleure façon de nous amuser. Alors, un soir j'ai franchement dit à mes amies : " Écoutez, ce genre de conversation nous retient vraiment toutes en arrière. Arrêtons et faisons le pacte de réagir si nous entendons l'une de nous commencer à cancaner. "

« Ainsi, chaque fois qu'une d'entre nous se met à parler négativement de quelqu'un ou de quelque chose, une autre personne du groupe prend la parole et dit, par exemple, " Oh la la ! " pour attirer l'attention sur le commérage. Ce que nous avons découvert, c'est que nous avions toutes contracté cette mauvaise habitude, et nous en débarrasser nous a pris un certain temps. Nous nous sentons toutes tellement mieux depuis que nous partageons des choses plus positives dans nos conversations. »

Comme l'a fait remarquer Celia, lorsque notre chemin spirituel nous fait passer par des transitions sur le plan du comportement, c'est pour nous l'occasion de montrer la voie ou d'apprendre quelque chose à nos amis ou à notre famille. Cependant c'est une question d'équilibre complexe, car personne — en particulier nos amis et notre famille — ne veut recevoir de sermons ou de leçons. La meilleure façon d'enseigner la paix, c'est d'en faire la preuve par des actes. Si nous crions à nos proches : « Pourquoi ne pouvez-vous pas vous tourner vers le spirituel comme moi ? », ils s'attachent à notre attitude et ne tiennent pas compte de nos paroles.

Demandez aux anges de guider vos actions et vos paroles afin d'être un enseignant vraiment efficace pour les autres.

Les chakras et la loi de l'attraction

Les véritables conseils divins ne sont jamais exprimés en termes de reproches ou de culpabilité et ne mentionnent pas si quelqu'un a raison ou tort, si la personne est bonne ou mauvaise. Ainsi vos anges recherchent-ils toujours une résolution de conflit où chacun est gagnant. Toutefois, il peut arriver qu'ils vous conseillent de vous éloigner de certaines relations et qu'ils vous aident à fermer la porte sur une amitié ayant atteint sa finalité.

N'importe qui peut être effrayé de mettre un terme à une relation mais, pour ceux qui suivent un chemin spirituel, ce processus peut entraîner un surcroît de culpabilité. « Je suis censé aider les autres et être une personne aimante, pouvez-vous vous inquiéter. Est-ce que j'abandonne mon ami en passant moins de temps avec lui ? »

Il se peut en vérité que vous choisissiez de passer moins de temps avec vos vieux amis et davantage avec des personnes nouvelles dans votre vie. Cela ne signifie pas que vous jugez, critiquez ou abandonnez quiconque. Ce n'est ni être prétentieux ni vous isoler. Vous vous permettez simplement d'être guidé en fonction de la loi spirituelle d'attraction.

Nous sommes attirés par les gens qui ont le même état d'esprit que nous. C'est une affaire d'intérêts communs engendrant des amitiés. En changeant de mode de vie, vous cherchez naturellement des gens avec qui vous avez des choses en commun. Encore plus en profondeur et sur un plan métaphysique, votre état d'esprit exerce une influence sur les centres énergétiques de votre corps que l'on appelle « chakras ». Chaque chakra correspond à une difficulté particulière de la vie. Quelle que soit cette difficulté, celle qui occupe le plus nos pensées détermine quels chakras sont stimulés en nous. Ensuite, comme par radio-détection, nous attirons les gens ayant la même mentalité que nous et nous sommes attirés par eux.

Les anges expliquent que les chakras envoient des ondes énergétiques qui rebondissent à la manière d'un système sonar. Lorsque nous rencontrons une personne ayant le même type d'énergie que nous, l'énergie de ses chakras « est tout heureuse » de rebondir vers nous. Nous sommes alors attirés par cette personne et agréablement surpris de nous découvrir des intérêts en commun.

Par exemple, si vous passez la plupart du temps à penser à l'argent et à la sécurité, votre premier chakra sera stimulé. On l'appelle « chakra de la racine » et il est situé à la base de la colonne vertébrale. Comme un aimant, vous attirerez dans votre cercle d'amis des gens également préoccupés par l'argent et la sécurité.

Le deuxième chakra, appelé « chakra sacré », est lié aux problèmes corporels. Il est situé à mi-chemin entre le nombril et la base de la colonne vertébrale. Chez les gens qui ont des difficultés d'ordre physique ou des obsessions par rapport à leur poids, à leurs appétits physiques ou à leur santé, ou encore chez ceux qui ont des dépendances, le chakra sacré sera en rupture d'équilibre. Ces personnes auront tendance à attirer d'autres personnes ayant des problèmes corporels et à être attirées par ces dernières.

Les questions ayant une influence sur le troisième chakra, ou « plexus solaire », sont les peurs ou les obsessions relatives au pouvoir et à la domination. Ce chakra se trouve dans la partie centrale de notre corps, juste en arrière du nombril. Si nous sommes beaucoup préoccupés par de telles questions, nous attirons à nous des gens dans le même état d'esprit.

Les trois chakras inférieurs ont trait aux affaires terrestres. Le quatrième, ou « chakra du cœur », est le premier d'un ensemble de chakras liés aux questions d'ordre supérieur. Ce n'est pas une coïncidence si les chakras axés sur la spiritualité se trouvent dans la partie supérieure du corps. Le chakra du cœur, situé dans la poitrine, a trait à l'amour. On dit des personnes qui travaillent sur des problèmes relatifs à l'amour, tels que le pardon, la compassion et les relations avec l'âme sœur, qu'elles sont « centrées sur le cœur ». Elles ont tendance à attirer d'autres personnes aimantes dans leur vie.

Situé dans la région de la pomme d'Adam, le cinquième chakra est appelé « chakra de la gorge » ; il a rapport à la créativité de l'expression et de la communication. Les gens qui participent à des projets artistiques ou pédagogiques — d'ordre spirituel notamment — invoquent l'énergie du chakra de la gorge. Ce chakra est particulièrement stimulé par un mode de vie intègre, selon lequel vous vous efforcez que vos paroles et vos actes soient toujours en accord avec votre vérité intérieure. En vous concentrant sur de telles questions, vous attirez à vous des âmes dans le même état d'esprit.

Le « troisième œil » est le sixième chakra ; il est centré sur le regard et les visions spirituels. Si vous avez fait de la visualisation ou avez médité, ou encore si vous êtes clairvoyant, ce chakra est ouvert. Vous attirerez dans votre vie des gens ayant les mêmes intérêts et capacités spirituels.

Les « chakras des oreilles », situés à gauche et à droite juste au-dessus des sourcils, sont liés à l'écoute de l'Esprit. Ceux qui méditent en silence et s'harmonisent avec les messages du Ciel ont stimulé leurs chakras des oreilles et tendent à attirer des personnes elles aussi à l'écoute.

À l'intérieur et au sommet de la tête se trouve le « chakra de la couronne », qui est activé lorsqu'une personne a pris conscience du fait que nous sommes Un avec Dieu. Une telle personne attirera naturellement des âmes empruntant le même chemin spirituel qu'elle.

Disons que dans le passé la plupart de vos pensées étaient axées sur des affaires terrestres, telles que les soucis d'argent ou les obsessions sexuelles, et que vous aviez cela en commun avec votre cercle d'amis. Puis, votre éveil spirituel vous a conduit à lire et à méditer sur des sujets d'ordre divin. Ce faisant, l'énergie de vos chakras primaires s'est déplacée vers le haut. Ainsi, au lieu de fonctionner à partir de votre premier chakra (lié à l'argent) ou de votre deuxième chakra (lié au sexe), vous avez commencé à vivre en fonction de votre quatrième chakra (lié à l'amour) ou du cinquième (lié à la vérité).

Dès l'instant où ce changement s'opère, vous perdez l'attirance ressentie auparavant pour les gens qui vivent en fonction du chakra correspondant à votre état d'esprit antérieur. Vous vous mettrez soit à désirer attirer des personnes partageant votre intérêt, soit à commencer à le faire. La loi d'attraction — tant que votre attente demeurera positive — fera entrer dans votre vie de nouveaux amis ayant des vues similaires aux vôtres.

DIAGRAMME DES CHAKRAS

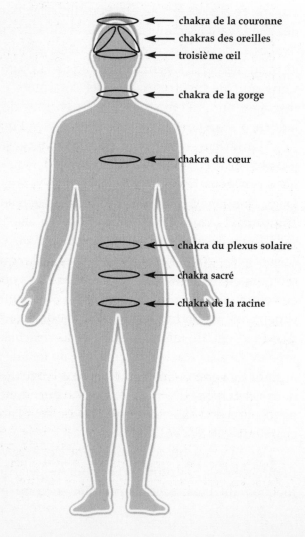

chakra de la couronne
chakras des oreilles
troisième œil
chakra de la gorge
chakra du cœur
chakra du plexus solaire
chakra sacré
chakra de la racine

Vous tombez sur vos amis par l'effet de la loi d'attraction

Un homme du nom de Charles a raconté l'histoire de synchronicité suivante :

> Je faisais mes achats de Noël dans un centre commercial près de Boston quand mon amie et moi sommes entrés dans un grand magasin exactement au moment où y pénétrait une jeune femme qui avait fait ses études au collège avec nous. Je venais de parler d'elle plus tôt dans la matinée en disant que je ne l'avais pas vue depuis bien des années et que ce serait agréable de la revoir bientôt.

Des cas comme celui-là confirment que l'Univers est régi par un ordre divin. Au lieu de nous inquiéter de la manière dont les choses vont se passer, il nous faut consacrer notre temps et notre énergie à garder des pensées positives à l'égard de ce que nous désirons. Grâce à la loi de l'attraction, nous attirerons dans notre vie des situations et des expériences également positives.

Maria Stephenson est conseillère spirituelle en Arizona. Elle a dit que l'expérience relatée ci-après l'a aidée à savoir que l'on veillait sur elle et ses amis, non seulement par le biais de la loi de l'attraction mais aussi avec l'aide des anges.

> Notre groupe de Phœnix devait se retrouver dans un hôtel de Newport Beach. Plusieurs d'entre nous allaient partager des chambres afin de réduire les dépenses. Tard le vendredi, en arrivant à l'hôtel, j'ai supposé que ceux avec qui je devais cohabiter s'étaient déjà enregistrés puisqu'ils étaient censés arriver plusieurs heures avant moi. J'ai vérifié s'ils avaient rempli le registre, mais ils ne

l'avaient pas fait. Alors, je me suis inscrite et suis allée dans la chambre attendre leur arrivée. Le temps passait et je me suis endormie vers 20 h 30.

Aux alentours de 22 h 40, j'ai entendu une voix dans mon sommeil me dire « *Réveille-toi.* » Je me suis redressée pour regarder autour de moi. Il n'y avait personne. J'ai reposé la tête sur l'oreiller en me demandant où étaient mes amis. J'ai ressenti de nouveau une forte impression, puis dans ma tête une voix a dit : « *Lève-toi, mets tes chaussures et va à la porte.* » J'ai essayé de la repousser encore une fois mais l'impression s'est amplifiée. Alors, je me suis levée, j'ai mis mes chaussures et je suis allée à la porte. À peine l'ai-je eu ouverte que j'ai vu mes amis descendre le couloir !

L'hôtel avait commis une erreur ; on n'avait pas mis la chambre à mon nom mais à un nom totalement différent. Alors, mes amis, n'arrivant pas à me trouver, en étaient à prendre une autre chambre et à devoir la payer séparément ! Ils allaient littéralement mettre la clé dans la serrure ! Si je n'étais pas sortie à cet instant précis, ils seraient entrés dans leur nouvelle chambre et je ne les aurais jamais vus. Nous aurions payé pour deux chambres. Aucun de nous n'arrivait à croire ce qui venait de se passer. Non seulement avais-je attrapé mes amis au vol, mais aussi le hasard avait-il fait que la nouvelle chambre soit au même étage… Évidemment, ensuite nous avons ri, sachant parfaitement que l'heureux dénouement était dû à la persistance de mes anges, qui m'avaient réveillée et mise à la porte !

Guérisons angéliques des membres de la famille

Dans l'histoire ci-après, une femme du nom de Cheryl Anne nous raconte comment les anges ont guéri sa sœur et le chien de cette dernière :

Un matin, je me suis ré veillé e de bonne heure afin de prier pour ma sœur qui passait par des é preuves terribles dans sa vie personnelle. Mê me son chien é tait mala-de. J'ai prié pour elle ; ensuite, j'ai soufflé sur la flamme de ma bougie de prière, mais elle ne s'est pas é teinte. J'ai ré essayé de nouveau, puis j'ai compris ce qui se passait.

J'ai fermé les yeux et suis resté e assise dans la lueur de la bougie. C'est alors que sont venus à moi les anges gardiens de ma nièce, de mon neveu et de ma sœur… et même le chien ! Je les voyais très clairement et ils m'ont précisé leurs noms et leurs finalité s. Ma sœur avait deux anges, un de chaque côté d'elle, l'un masculin et l'autre féminin. Ils s'appelaient Michael Edward et Ruth Ann.

J'ai envoyé un courriel à ma sœur pour lui dire ce qu'il m'avait été donné de voir. Comme elle n'é tait pas croyante, j'é tais inquiè te à l'idé e qu'elle allait se moquer de moi ou se fâcher, et pourtant je savais qu'il fallait que je le lui dise. Lorsque je lui ai mentionné le nom de ses anges, elle en a eu le souffle coupé. Elle m'a parlé d'un rê ve qu'elle avait fait la nuit pré cé dente, dans lequel elle é tait poursuivie par un homme et une femme. Elle s'é loi-gnait d'eux en courant, mais ils n'arrê taient pas de l'ap-peler en disant : « Ne cours pas. Tu as besoin de nous ! » Quand elle a commencé à se ré veiller, elle s'est entendue appeler ce qu'elle croyait être un nom ou un mot é trange. Elle a dé cidé de l'é crire pour s'en souvenir. Le mot qu'elle criait dans son rê ve, celui qu'elle avait noté sur sa table de chevet, c'é tait « MERA ».

Elle m'a demandé de ré pé ter les noms des anges. Lorsque j'ai dit « Michael Edward, Ruth Ann », ce que repré sente MERA, je me demande qui de nous deux é tait la plus alarmé e ! La plupart de mes pré cé dentes rencon-tres é taient très intimes et personne d'autre n'a reçu de signe quelconque en relation avec elles. Cela a toujours é té moi et ma bizarrerie ! (En passant, le chien, qui ce matin-là é tait proche de la mort et entouré de cré atures angéliques ressemblant à des oiseaux, se porte à merveille !)

Ma sœur va très bien à présent. Elle, qui se considérait comme athée depuis de nombreuses années, est maintenant en plein éveil spirituel. Son petit chien qu'elle aime tant est entièrement guéri, lui aussi. La famille de ma sœur a vécu une période étonnante. Bien qu'ayant fait face à de terribles difficultés l'année dernière, elle baigne à présent dans l'amour et la lumière dispensés par Dieu et les anges gardiens.

Prières pour améliorer les relations familiales

Voici quelques exemples de puissantes prières que vous pouvez dire (mentalement ou à voix haute ou encore écrire) pour demander à Dieu et aux anges d'intervenir dans votre vie familiale. Vous voudrez bien ajouter des détails ou réécrire les messages de ces prières afin de les adapter aux circonstances que vous vivez.

PRIÈRE POUR CONCEVOIR UN ENFANT

Cher Dieu,

Nous avons tellement d'amour à donner, mon épouse et moi, et nous désirons partager cet amour avec un bébé. Nous Te demandons ainsi qu'aux anges de nous aider à concevoir un enfant. Je Te prie d'envoyer dans notre vie l'une de Tes âmes les plus lumineuses et les plus heureuses et de faire en sorte que cet être devienne notre bébé. Merci.

Priè re pour améliorer les relations
entre parents et enfants

Dieu trè s aimé ,

Je T'en prie, aide-nous, mon enfant et moi, à avoir une relation harmonieuse. Je demande Ton aide pour é liminer toute peur gê nant l'expression de l'amour entre mon enfant et moi. Je T'en prie, aide mon enfant à se concentrer et à se sentir heureux. S'il te plaî t, aide-le à accepter ce que je suis ainsi que les circonstances que je vis. Je Te demande ainsi qu'aux anges de nous aider à lâ cher prise par rapport au refus de pardonner et au ressentiment. Je T'en prie, aide-nous à avoir une relation d'affection et d'intimité . Amen.

Priè re pour résoudre les problè mes
comportementaux de l'enfance

Cher Dieu,

S'il Te plaî t, aide-moi à comprendre mon enfant. Je Te demande de l'entourer d'amour, de sagesse et d'intelligence. S'il Te plaî t, aide mon enfant à comprendre et à accepter la responsabilité de son comportement. Je Te demande de le guider à faire des choix intelligents, fondé s sur l'amour et non sur la peur. Je Te demande ainsi qu'à l'archange Michael de purifier mon enfant de tout attachement ou blocage qui pourrait nuire à son bonheur. Merci.

PRIÈRE POUR AMÉLIORER LES RELATIONS FAMILIALES

Cher Dieu,

Je sais que _____, membre de ma famille, et moi avons tous(toutes) deux des anges gardiens. Je demande que ces anges nous aident à guérir nos problèmes et nos malentendus. S'il Te plaît, aide-nous à nous libérer de tout refus de pardonner ou de toute colère. Je demande que toutes les conséquences de nos erreurs soient annulées et oubliées par les personnes concernées. S'il Te plaît, aide-moi à laisser aller tout jugement que j'aurais envers moi-même ou envers les autres. Je demande que nos anges gardiens nous indiquent Ta directive, en sachant que la paix est ce que Tu veux pour nous. Merci.

PRIÈRE POUR UN MEMBRE DE LA FAMILLE

Dieu très aimé,

S'il Te plaît, aide _____, membre de ma famille, à se sentir en paix et heureux(se) en ce moment. Je Te demande de lui envoyer d'autres anges pour le/la réconforter. Je T'en prie, entoure et protège encore plus toute notre famille de Ton amour divin. Aide-nous à nous détendre et à avoir foi et confiance. S'il Te plaît, envoie-nous un signe de Ton amour pour que nous puissions laisser aller nos peurs. Merci de tout Ton amour qui guérit.

PRIÈRE POUR QU'UNE AMITIÉ SE TERMINE DANS LA PAIX

Créateur bien-aimé,

Je sais tout au fond de moi que mon amitié avec _____ s'achève. Je demande Ton aide pour accepter cette transition de bonne grâce et dans la paix. Je Te demande ainsi qu'aux anges de m'aider à être honnête avec affection envers moi-même et envers mon ami(e). Je T'en prie, aide-moi à être fidèle à moi-même pour que j'agisse par amour et non par peur, par culpabilité ou par obligation. S'il te plaît, réconforte mon ami(e) pour que l'un(e) et l'autre nous puissions accepter ce changement de manière positive.

PRIÈRE POUR ATTIRER DE NOUVEAUX AMIS

Dieu très aimé,

Je me vois à présent entouré(e) d'amis aimants avec qui j'ai beaucoup en commun. Je sens la présence de nouvelles amitiés avec des âmes ayant les mêmes vues que moi et je demande Ton aide pour que cette vision se manifeste. S'il Te plaît, guide-moi pour que je rencontre de nouvelles personnes positives, tournées vers la spiritualité, faisant attention à leur santé et amusantes. Je T'en prie, aide-moi à découvrir que je mérite l'amour et l'attention de ces nouveaux amis. Merci beaucoup.

CHAPITRE QUATRE

Votre corps est en ascension

Les anges nous aident à surmonter les problèmes physiques. De plus, ils désirent nous aider à accroître notre énergie et notre vitalité ; c'est pourquoi ils nous conseillent sur la manière de bien prendre soin de notre corps physique. Comme pour tous les aspects du travail avec les anges, nous devons solliciter leur aide pour qu'ils puissent intervenir. Il n'y a qu'une exception à cette règle ; lorsqu'une situation met notre vie en danger alors qu'il n'est pas « l'heure » de nous en aller.

Les anges et le sommeil

Au cours d'une séance de lecture angélique, les anges m'ont appris qu'il est important que nous ayons une bonne nuit de sommeil pour qu'ils puissent nous aider efficacement. Voici la transcription d'une séance (concernant des problèmes de sommeil) entre moi et Rhonda, une cliente que je voyais pour la première fois. Ne perdez pas de vue en lisant ce qui suit que c'était ma première séance avec Rhonda et que je ne savais rien d'elle.

Je ne note que le nom des personnes lorsqu'elles prennent rendez-vous avec moi afin d'éviter d'être influencée par des renseignements préliminaires. J'ajoute que je travaille de trois façons avec les anges : je relaie ce que je les entends me dire dans l'oreille droite, comme une interprète, ou bien je décris les images qu'ils me montrent et que je perçois par clairvoyance, ou encore les anges s'expriment directement *à travers* moi, ce qu'indique l'utilisation de mots comme *nous* ou *notre*.

Doreen : Vos anges disent qu'ils travaillent avec vous dans votre sommeil. *Sur* votre sommeil et *dans* votre sommeil, précisent-ils. J'entends que vous avez besoin d'un sommeil plus profond. [Les anges me montrent une lumière qui entre dans la chambre de Rhonda et qui la réveille.] Une lumière viendrait-elle interrompre votre sommeil ?

Rhonda : Oui. Comme je suis de l'équipe de nuit en ce moment, je dors le jour et le soleil entre dans ma chambre pendant que j'essaie de dormir.

Doreen : Ah d'accord, voilà ce que veulent dire les anges. Pouvez-vous fermer davantage les rideaux ou les stores ?

Rhonda : Je ferme les volets mais ils laissent encore passer le soleil. Il me faut masquer les fenêtres avec autre chose.

Doreen : Très certainement, parce que les anges disent que cette lumière vous réveille et vous empêche d'atteindre un sommeil assez profond. Sans un tel sommeil, les anges ne peuvent pas entrer dans vos rêves et interagir avec vous. Votre sommeil leur cause beaucoup de souci.

Rhonda : Entendu, j'ai d'autres rideaux à placer par-dessus les stores, mais je remettais cela à plus tard.

Doreen : Oui, vos anges insistent *beaucoup* pour que vous ayez un sommeil plus profond et ils disent d'empêcher cette lumière d'entrer.

Rhonda [plus tard durant la séance] : Mon esprit a beaucoup « jacassé » ces derniers temps. Existe-t-il un type de méditation, de son ou de mantra que je pourrais pratiquer pour m'aider à garder l'esprit en paix ?

Doreen : Les anges disent : « *Il nous semble que la principale chose que tu pourrais faire pour aider ton esprit, c'est de mieux dormir la nuit en bloquant cette lumière. Tu verras ta lumière intérieure si tu empêches cette lumière extérieure d'entrer ! Tu n'as pas besoin d'autres outils qu'une bonne nuit de sommeil. Nous, les anges, nous cherchons à travailler avec toi. Nous* » *frappons à ta porte chaque nuit, mais il faut que tu dormes profondément pour que nous puissions venir auprès de toi. Comme tu ne parviens pas à un sommeil profond, cela nuit à ta concentration. »*

ༀ ༀ ༀ

Non seulement les anges nous donnent-ils des conseils sur l'importance d'un sommeil profond, mais aussi nous aident-ils à bien dormir. Tout ce dont nous avons besoin, c'est demander leur aide. Terry, un ami de mon mari, a raconté une expérience positive qu'il a faite au sujet des anges et du sommeil. « J'avais bossé franchement fort et cela s'annonçait aussi difficile pour le lendemain. Je me sentais épuisé et j'avais besoin d'une bonne nuit de sommeil. Alors, j'ai demandé aux anges de m'aider. Cela a marché ! J'ai passé une excellente nuit et me suis réveillé frais et dispos. »

Le voyage de l'âme et les rêves

Durant une séance de lecture angélique, ma cliente Katherine et moi avons discuté du phénomène des expériences extracorporelles vécues en dormant. Très souvent, nos anges nous escortent vers des endroits de l'autre monde où nous assistons à des cours et apprenons des leçons d'une profonde spiritualité. À d'autres moments, nous pouvons même nous occuper d'enseigner à d'autres au cours d'expériences où l'âme voyage.

Doreen : Je vois que votre âme voyage beaucoup durant votre sommeil et que vous vous souvenez de ces voyages comme de rêves dont vous ne conservez pas entièrement le souvenir au matin.

Katherine : Je demande à mes anges de m'aider à me souvenir de mes rêves, mais je n'y parviens pas encore !

Doreen : Lorsque votre âme voyage, vous allez dans un monde de la quatrième dimension où les choses ne se fondent pas sur l'espace ou le temps. Ce sont là des croyances de notre monde en trois dimensions, des croyances qui limitent notre capacité à comprendre les fondements de la vie. Dans la quatrième dimension, on vous enseigne des vérités qui ne passent pas ou qui n'ont pas de sens lorsque vous vous réveillez avec l'état d'esprit propre à la troisième dimension. Cependant, tout ce que vous avez vécu et appris durant votre sommeil est inscrit dans votre inconscient et exerce *réellement* une influence positive sur vous ; vous n'avez donc pas à vous souvenir de ces voyages de l'âme et des leçons apprises en rêve pour en tirer profit.

L'énergie angélique

Vous savez à présent que les anges nous aident à bien dormir si nous demandons et suivons leurs conseils. Ce faisant, nous nous réveillons bien reposés et pleins d'énergie. Nous n'avons pas de raison de nous sentir fatigués puisque les anges disent qu'il y a en nous et autour de nous une source illimitée d'énergie. Cette source, c'est Dieu omniprésent, qui est d'ores et déjà en nous.

Si vous vous sentez fatigué sans raison apparente, demandez mentalement à l'archange Michael de venir à vous, en disant une prière comme celle-ci :

PRIÈRE POUR AVOIR DAVANTAGE D'ÉNERGIE

Archange Michael, je te demande ainsi qu'à tes aides de venir à moi maintenant. Je te prie de trancher et de laisser aller tout lien pouvant m'épuiser. Aide mon énergie à s'élever maintenant vers son état de vitalité naturel. Merci.

ॐ ॐ ॐ

Vous sentirez la présence de cet ange puissant peu après avoir récité une telle prière. À l'aide de son « épée », Michael supprime les liens qui vous épuisent ainsi que l'énergie négative qui vous accable. En quelques minutes, vous vous sentez reposé et revigoré. Je trouve que cette méthode fonctionne dix fois mieux que boire du café.

Une femme nommée Pam a, quant à elle, découvert que les anges pouvaient l'aider à rester éveillée pendant un long trajet en fin de soirée.

Un jour, mon ami et moi revenions par la route de Las Vegas. Tandis qu'il conduisait, ses paupières ont commencé à s'alourdir au point de presque se fermer. Nous étions tous deux fatigués, mais il semblait en bien pire état que moi. J'ai donc pris le volant mais, peu après, mes paupières se sont mises à s'alourdir et à presque se fermer elles aussi.

Soudain, j'ai senti en moi une énergie jaillie de je ne sais où. Moins d'une minute après, une voiture venant de la voie la plus à droite a coupé les trois voies. Comme elle a fait un tête-à-queue, elle n'a pas heurté le séparateur central et s'est immobilisée en bloquant la voie sur laquelle nous circulions. J'ai pu m'arrêter sans dommage et éviter de justesse, à quelques centimètres près, de heurter cette voiture. Si c'était arrivé seulement quelques minutes plus tôt, pendant que je m'assoupissais, je l'aurais emboutie.

Inutile de dire qu'avec tout ce mouvement l'adrénaline me circulait dans le corps entier et il n'y a plus eu une ombre de somnolence. Nous sommes arrivés sains et saufs à la maison.

Avant cet incident, mon ami avait souvent parlé des anges, mais je n'étais pas sûre d'y croire. Ce n'était pas de l'incrédulité ; j'étais simplement sceptique tout en ayant l'esprit ouvert. Pour moi, cela a été la preuve de l'existence des anges gardiens. En reprenant la route après cette quasi-collision, j'ai avoué : « D'accord, je crois ! » et j'ai remercié mes anges de veiller sur moi et sur mon ami.

Détoxifiez votre corps

Les anges nous pressent de détoxifier nos corps et vous avez peut-être reçu des impressions intuitives vous obligeant à apporter des changements dans votre régime et votre mode de vie. Il s'agit bel et bien de messages que vous envoient vos anges gardiens, et non du fruit de votre imagination.

Les anges nous demandent d'éviter la nourriture, les boissons et les produits pour la peau qui contiennent des toxines, car ces dernières font baisser notre niveau d'énergie et nous donnent l'impression d'être léthargiques. De plus, elles bloquent notre capacité à percevoir clairement les messages du Ciel et entravent notre croissance spirituelle.

Voici les principales sources de toxines que les anges nous demandent d'éviter :

— *La viande, le gibier et le poisson contaminés par les hormones et les pesticides.* Étant donné que la chair et les sous-produits animaux (lait, œufs, fromage, etc.) contiennent pratiquement tous des résidus d'hormones et de pesticides, vous pouvez envisager d'adopter un mode de vie végétarien ou proche du végétarisme (dans lequel on supprime les produits animaux une ou deux fois par semaine). Si vous ressentez la nécessité de consommer des produits d'origine animale, achetez des produits laitiers « biologiques » (comme le lait *Bio* de la marque Liberté), des poulets élevés en liberté, de la viande sans hormones et des œufs de poules élevées en plein air. Ces produits sont offerts dans les magasins de produits diététiques, tout comme de merveilleux substituts de la viande et du gibier tels que le seitan, le gluten, le tempeh et le tofu au four. Les plats végétariens se sont particulièrement améliorés ces dix dernières années. Si vous n'en avez pas goûté depuis un moment, réessayez ; ils sont à présent délicieux et il est difficile de les distinguer de ceux à base de viande.

— *Les fruits et les légumes couverts de pesticides.* Essayez de ne manger que des produits biologiques. Demandez à votre épicier d'en vendre ou trouvez près de chez vous un magasin de produits diététiques ou un commerce de fruits et des légumes qui vendent des produits biologiques.

— *Les boissons contenant des toxines.* Les anges nous demandent d'éliminer de notre régime ou de réduire de manière significative l'alcool, la caféine et les boissons gazeuses. Buvez de l'eau de source, pas de l'« eau potable » ; en effet, les anges nous disent de boire l'eau sous sa forme la plus naturelle possible. Buvez des jus de fruits frais, car une fois pressés les fruits perdent leur force vitale au bout de 20 minutes. Concentré ou réfrigéré, le jus de fruits contient des vitamines bonnes pour la santé, mais il n'est pas aussi vivifiant qu'un jus de fruits fraîchement pressés.

— *Les nitrates.* Évitez les salaisons telles que les viandes à sandwich, la saucisse et le bacon. Il existe de fabuleux substituts à base de produits du soja ayant l'aspect, le goût et l'odeur du produit original. De nombreux supermarchés offrent ces délicieux produits de substitution de même que la plupart des magasins de produits diététiques.

— *Les articles de toilette.* Évitez le laurylsulfate de sodium, c'est un catalyseur des nitrates, et le 1,2 propylèneglycol, c'est un antigel industriel. Lisez les étiquettes de vos lotions, dentifrices, produits de maquillage et shampooings. Weleda fabrique l'un des seuls dentifrices ne contenant pas de laurylsulfate de sodium (ses gels dentifrices végétal et au calendula sont merveilleux et peuvent être achetés au 1-800-241-1030). Aubrey fait également des lotions épatantes (1-800-AUBREYH). Les magasins de produits diététiques offrent eux aussi une très grande variété de produits non toxiques, mais assurez-vous de vérifier les ingrédients sur les étiquettes car certains produits soi-disant naturels contiennent du laurylsulfate de sodium et d'autres toxines.

— *Les produits d'entretien ménager.* Évitez le cocamide diéthanolamine, le 2,2 iminodiéthanol, le laurylsulfate de sodium, le suif aminé éthoxylé et les fragrances synthétiques. Les magasins de produits diététiques offrent d'efficaces nettoyants et détergents naturels. Évitez les agents blanchissants et les papiers blanchis au chlore tels que serviettes et essuie-tout.

Vous pouvez accélérer le processus de détoxification en buvant beaucoup et en ayant le sommeil, l'exercice et l'air frais qu'il convient. Boire du jus de blé en herbe, offert dans la plupart des bars et magasins de produits diététiques, peut aussi éliminer rapidement de votre organisme les métaux et les polluants.

Les anges disent qu'ils travaillent avec nous pour élever la fréquence vibratoire de notre corps. Comme la corde d'un violon vibre à une fréquence plus ou moins élevée en fonction de la note jouée, nous commençons à nous élever sur l'échelle des fréquences afin de suivre le rythme auquel s'accélère la fréquence vibratoire de la Terre.

Cela ne signifie pas que nous bougeons plus vite dans la journée ou que nous sommes plus occupés ou pressés, mais que nous sommes moins denses et plus sensibles aux fréquences élevées du royaume des anges. Cela signifie que notre intuition, notre créativité et notre énergie naturelle augmentent.

Nombre de travailleurs de la lumière se sentent guidés vers un régime végétarien. Ensuite, ils reçoivent progressivement des conseils pour devenir totalement végétariens (aucun produit animal). Après cela, ils sont guidés pour ne plus manger que des fruits, des légumes, des noix et des céréales crus et non traités. Finalement, nous nous dirigeons collectivement vers un mode de vie « fondé sur l'inspiration » dans lequel nous serons totalement nourris du *prana* présent dans l'air. Notre espérance de vie et notre capacité à communiquer par télépathie en seront considérablement accrues.

Si vous vous sentez obligé de supprimer certains aliments ou boissons de votre régime, demandez mentalement à vos anges gardiens de vous défaire de votre état de besoin afin que ces produits ne vous manquent pas. Vous serez surpris de voir avec quelle facilité vous pourrez abandonner les aliments et les boissons toxiques si vous demandez l'aide des anges. Je rencontre chaque semaine des personnes me disant que les anges ont éliminé ou réduit de manière significative leurs envies d'alcool, de sucre, de pain blanc, de chocolat, de colas et d'autres produits contenant des toxines. J'en ai moi-même fait l'expérience, et mes envies de malbouffe et de café ont totalement disparu.

Voici une merveilleuse prière à dire :

Chers anges,

Je vous en prie, entourez-moi de votre énergie de guérison et aidez-moi à chasser mes envies d'aliments et de boissons qui ne sont pas sains. S'il vous plaît, éliminez mon désir pour les substances toxiques et aidez-moi à avoir la motivation pour vivre et manger sainement. Je vous demande de me guider lorsque j'achè te la nourritu-re, la pré pare et la mange, et de me conseiller sur la maniè re de vivre sans polluer ni moi-mê me ni le monde. Je vous remercie avec tout mon amour et toute ma reconnaissance.

Gué risseurs angé liques, assistants angé liques

Je parle à de nombreuses personnes qui ont é té gué ries grâce à la prière, à des conversations avec Dieu et à l'aide des anges. Fred Rothlisberger, un lecteur de mes livres, m'a envoyé le récit suivant :

Le 16 février 1998, j'allais retourner à l'hôpital pour subir une troisième opé ration du dos. Plusieurs années auparavant, j'avais é té opéré à cause d'un problème congénital ; je m'inquié tais à l'idée d'être endormi à nouveau, car j'ai du mal à me remettre de l'anesthé sie.

J'é tais dehors dans la cour arriè re, je nettoyais derriè-re nos chiens, lorsqu'une voix est venue à moi. Elle a simplement dé claré : « *Ne t'en fais pas à propos de cette opé ra-tion, elle va bien se passer, Dieu a du travail à te confier.* » À partir de ce moment-là, je me suis senti en paix. J'ai é té opéré ; les mé decins ont trouvé sur ma colonne verté bra-le un kyste qui exerç ait une pression sur la moelle é piniè-re et qui é tait à l'origine de mes douleurs. On m'a laissé rentrer à la maison le lendemain de l'opé ration.

J'ai récupé ré très rapidement. J'ai subi sept chirur-gies dans ma vie et je n'ai jamais ressenti autant de paix et récupé ré aussi rapidement qu'après cette opé ration.

Pour une femme du nom de Shelly Long, il « s'est simplement trouvé » qu'elle a allumé la radio le jour où je passais à la station locale de Phœnix (Arizona). Shelly se rendait chez son médecin pour passer une biopsie d'une grosseur qu'on lui avait trouvée à la poitrine. Elle m'a entendue dire avec insistance : « Vous devez demander à vos anges de vous aider. À moins d'une situation où votre vie serait en danger avant votre heure, les anges ne peuvent pas intervenir sans votre permission. »

Shelly avait toujours été croyante, mais elle avait oublié de demander aux anges de l'aider à guérir. Alors, elle a dit une prière pour solliciter l'intervention des anges, puis elle est arrivée chez le médecin. Durant l'examen, ce dernier a été incapable de trouver la grosseur. Elle avait disparu depuis la visite de Shelly, la semaine précédente !

Les anges adorent nous aider car leur foi est totale ; ils conservent une attitude joyeuse pendant qu'ils nous assistent. Ils m'ont appris qu'une attitude maussade fait souvent empirer les situations déjà difficiles. La joie est la clé de la manifestation des résultats désirés, y compris de la guérison. En réalité, les anges affichent souvent un merveilleux sens de l'humour pendant qu'ils travaillent avec nous, comme l'illustre l'histoire de Tina Needham :

> J'ai lu beaucoup de livres que j'ai trouvés profonds et pleins de signification. Cependant, avant de lire *Divine Guidance*, je n'ai pas eu l'impression d'avoir un véritable outil pour m'aider à atteindre un niveau différent et de plus grande « activité ». Je suivais les conseils de Doreen pour éliminer les blocages et méditer lorsque, à la moitié du livre, j'ai vécu ma première expérience angélique. Cela a été tellement « ordinaire » que j'en ris encore. Je

n'ai pas entendu de harpes ni eu de visions rayonnant de lumière.

Une nuit, j'étais couchée près de mon mari endormi, bien éveillée par la douleur aiguë que me causait une angine à streptocoques. J'ai entendu une voix féminine dire dans mon oreille gauche : « *Maî tresse, il y a une pastille pour la gorge dans le tiroir du bas.* » Absolument pas le message plein de profondeur que j'attendais !

Abasourdie, je suis restée allongée là un moment, essayant de retrouver mes esprits. J'ai même réveillé mon mari pour voir s'il m'avait dit quelque chose (bien qu'ayant entendu une voix féminine). J'essayais de trouver une explication satisfaisante. J'étais profondément sceptique, et c'est pourquoi je tentais en premier lieu de me défaire des blocages qui m'empêchaient de voir mes anges.

Voyez-vous, je n'utilise absolument jamais de pastilles pour la gorge parce que je n'en supporte ni le goût ni le toucher. Je me suis assise, les pieds sur le plancher, j'ai pris une grande inspiration et j'ai ouvert le troisième et dernier tiroir de ma table de chevet. Il faisait sombre et j'ai fouillé dans le désordre de ce tiroir pour finalement en sortir une vieille pastille mentholée Hall toute collante. Mon bras était couvert de chair de poule. Je me suis levée sur-le-champ pour noter toute l'expérience. Il était trois heures du matin, je ne l'oublierai jamais. Je ne comprends toujours pas vraiment pourquoi la voix a dit *Maî tresse.* »

Les effets guérisseurs du passé

Les anges ne sont pas limités par des contraintes d'espace ou de temps. Nous ne le sommes pas non plus mais, comme nous n'en sommes pas assez convaincus, nous semblons pris au piège dans un temps et un espace à l'accès limité.

Si vous avez des regrets à propos d'actions passées ayant une influence sur votre santé actuelle, les anges peuvent vous aider. Par exemple, si vous avez maltraité votre corps avec les cigarettes, l'alcool ou les drogues dans le passé, ils peuvent vous aider à annuler les effets négatifs de ces comportements. Le fait d'annuler ces effets aura des conséquences positives pour chaque personne concernée. Ainsi, par exemple, toutes les conséquences négatives subies par d'autres personnes à cause de votre tabagisme (en raison de la fumée secondaire, entre autres) ou de votre intoxication seront éliminées.

Voici une prière angélique pour aider à annuler les effets du passé :

PRIÈRE POUR ANNULER LES EFFETS DU PASSÉ

Très chers anges,
J'ai fait des erreurs dans la manière de traiter mon corps et je demande que toutes les conséquences de ces erreurs soient annulées et oubliées dans toutes les directions du temps pour et par chaque personne concernée.

Espérance de vie

Le temps que nous allons passer sur Terre fait partie du plan de vie que nous élaborons avant de nous incarner. Avec nos guides et nos anges, nous décidons si nous vivrons 40, 60 ou 100 ans. La plupart des gens choisissent d'avoir une longue vie pour être longtemps avec leurs enfants et avec d'autres êtres chers. Toutefois, d'autres personnes décident d'avoir des vies plus courtes soit parce qu'elles sont récalcitrantes à l'idée de passer un siècle sur Terre, soit parce qu'elles n'ont qu'une brève leçon à apprendre avant de retourner au Ciel.

Les nouveaux « enfants indigo » dont nous avons parlé précédemment ont une espérance de vie beaucoup plus élevée que les générations antérieures. Beaucoup de ces enfants grandiront dans la nouvelle énergie qui suivra le changement de millénaire et vivront extrêmement vieux. La raison en est que bien des conditions préjudiciables pour la santé, comme un régime de piètre qualité, le stress et les polluants, n'entreront plus en ligne de compte. Nous vivrons dans un monde nouveau et pur, notre régime alimentaire sera beaucoup plus nutritif et nous ne nous lancerons plus dans des activités malsaines.

Les anges peuvent vous dire quelle est votre espérance de vie si vous êtes intéressé à le savoir. Découvrir combien de temps on va vivre mène à des résultats positifs. J'ai vu certaines personnes guérir instantanément de phobies après avoir appris qu'elles allaient vivre encore très longtemps. Une fois qu'elles ont su que la fin n'était pas proche, elles ont été soudain capables de laisser aller leur peur de mourir. Évidemment, ce n'est pas une invitation à « tenter le destin » et à vous mettre à sauter des avions en n'ayant pas de parachute ; toutefois, le fait de savoir peut aider certains à se détendre quelque peu.

En outre, ceux qui connaissent leur espérance de vie sont motivés à atteindre leurs objectifs maintenant au lieu d'attendre plus tard. Ils se lancent dans des carrières, des passe-temps et des projets ambitieux parce qu'ils savent qu'ils ont un nombre déterminé d'années pour s'y consacrer et les apprécier.

Pour découvrir votre espérance de vie, fermez simplement les yeux et prenez une profonde inspiration. Ensuite, demandez à vos anges gardiens : « Quel âge aurai-je lorsque je quitterai le plan physique pour retourner vers le plan de l'au-delà ? Quel âge aurai-je dans cette vie lorsque je la quitterai ? »

Vous entendrez, verrez, sentirez ou saurez une série de nombres. La plupart des gens en entendent deux ou trois, car ils ont choisi différents âges comme des « sorties possibles ». Le premier nombre que vous entendez correspond à l'âge auquel vous pourriez « rentrer » au Ciel si vous avez terminé votre mission et que vous choisissez de partir. Vous pouvez rester et vivre jusqu'au deuxième âge entendu ou jusqu'au troisième si vous le désirez.

Si l'âge qui vous est indiqué est déjà passé, pensez un moment à ce qui vous est arrivé à cette période de votre vie. Étiez-vous déprimé, malade, suicidaire ou avez-vous été victime d'un accident ? Si c'est le cas, vous avez décidé de rester sur Terre plus longtemps et de vivre jusqu'à un âge plus avancé que ceux que vous aviez choisis au départ.

Si vous faites partie des âmes qui ont choisi d'être là pour et après le passage au nouveau millénaire, vous pourriez découvrir que vous allez vivre jusqu'à un âge très avancé, de l'ordre des centaines voire des milliers d'années. Comme je l'ai écrit précédemment, l'espérance de vie va radicalement changer avec la nouvelle énergie.

Votre libre arbitre, selon moi, vous permet de choisir de rentrer à la maison ou de rester ici plus ou moins longtemps que ce que vous aviez prévu au départ. Aussi, si l'espérance de vie dont on vous informe ne vous convient pas, décidez d'une autre durée. Dans *Un cours en miracles*, il est dit que personne ne meurt sans son consentement.

C'est donc votre responsabilité de choisir le moment où vous quitterez cette Terre, et vos anges vous aideront à réaliser vos désirs.

PRIÈRE POUR LA SANTÉ ET LA GUÉRISON

Cher Dieu,

Je sais que Tu m'as créé (e) à Ton image et à Ta parfaite ressemblance. Je Te demande ainsi qu'à l'Esprit saint et à l'archange Raphaël de m'aider à connaître et à vivre Ton modèle de santé dans mon corps physique. Je désire laisser aller toutes les pensées et tous les comportements engendrant l'illusion de la maladie et de la souffrance. Je sais que Tu es omniprésent et donc que Tu vis en chaque cellule de mon corps. Je T'en prie, aide-moi à sentir Ton amour dans mon corps physique pour que je puisse savoir que Tu me berces dans Tes bras en cet instant même. Amen.

PRIÈRE POUR LA SANTÉ D'UNE PERSONNE CHÈRE

Dieu bien-aimé,

Merci d'avoir envoyé l'archange Raphaël et ses anges guérisseurs au chevet de la personne que j'aime. Je vois à présent que Toi, l'Esprit saint, Raphaël et les anges prenez cette personne dans vos bras. Je la vois sourire et se sentir mieux. Je sais qu'en vérité elle va bien dès à présent et je demande Ton aide permanente pour que nous puissions atteindre la paix et la santé dans notre vie quotidienne. Que Ta volonté soit faite.

PRIÈRE POUR MAÎTRISER SON POIDS ET SON APPÉTIT

Dieu très aimé,

Aujourd'hui, j'ai affirmé mon intention de ne diriger mon appétit que vers des aliments et des boissons sains et légers. Je veux lâcher prise par rapport à toute peur pouvant me pousser à me suralimenter. Je sais que Tu me guides à tous les instants de ma vie, y compris ceux où je mange et je bois. Je Te demande de me bénir dans Ta sagesse et ta paix divines afin que toutes mes décisions concernant la consommation d'aliments et de boissons viennent de mon moi supérieur. Je T'en remercie. Amen.

PRIÈRE POUR GUÉRIR LES PROBLÈMES DE SOMMEIL

Àmon Créateur,

Je Te prie de m'aider à avoir un sommeil réparateur et profond cette nuit. Je demande que ce soir, au nord, au sud, à l'est et à l'ouest de ma maison se place un ange gardien. Je visualise ma maison entourée de la divine lumière blanche de Ton amour protecteur. Je veux Te remettre ainsi qu'aux anges toutes mes inquiétudes et tous mes soucis afin que les plis de mon âme soient vides pour cette nuit. S'il Te plaît, envoie auprès de moi des anges réconfortants que je puisse profiter d'une merveilleuse nuit de sommeil.

PRIÈRE POUR ÊTRE MOTIVÉ AFIN D'ÊTRE EN FORME

Cher Dieu,

S'il Te plaît, aide-moi à être motivé (e) à bien prendre soin de mon corps. Je Te demande de m'aider à respecter mon engagement à faire de l'exercice, à manger sainement et à prendre suffisamment de repos. Je T'en prie, aide-moi à croire en ma capacité d'atteindre une bonne forme physique et à la conserver. S'il Te plaît, guide-moi pour que je connaisse les meilleurs moyens de prendre soin de moi-même. Si ma motivation se relâche ou si je suis tenté (e) de remettre les choses à plus tard, je Te prie de m'aider à réaffirmer ma résolution. Je T'en remercie. Amen.

PRIÈRE POUR GUÉRIR D'UNE DÉPENDANCE

À Dieu bien-aimé, à l'Esprit saint et aux anges,

Je sais que les envies menant à la dépendance sont en réalité l'expression d'un désir pour l'amour divin. Je Vous en prie, aidez-moi à sentir que je suis rempli(e) de Votre amour toujours présent. Je veux lâcher prise de toute peur qui m'empêcherait d'avoir conscience de Votre amour. Je Vous demande d'éloigner de moi les croyances, les modèles, les sentiments et les pensées pouvant déclencher mes envies. Je Vous en prie, guidez-moi vers des personnes, des situations et des expériences soutenant mon désir de vivre sans dépendances. Je Vous remets toutes mes envies et je demande que d'autres anges m'entourent de la lumière qui apporte santé et paix. Merci de m'aider maintenant et toujours. Amen.

Nos carrières ont une très grande influence sur notre santé et sur notre vie ; aussi les anges veulent-ils nous aider à nous épanouir sur le plan professionnel et à assainir nos finances. Dans le prochain chapitre, vous verrez comment ils nous guident pour que nous nous souvenions de la finalité de notre vie et que nous trouvions des vocations et des occupations riches de sens.

CHAPITRE CINQ

Finalité de vie et
cheminement de carrière

Les anges nous aident à redresser notre cheminement de carrière et sont pleins d'empathie pour ceux qui ont l'impression de ne pas faire un métier leur convenant. Ils voient nos talents cachés et savent que nous pouvons aider les autres — tout en ayant du plaisir — en exerçant une profession qui tient compte de nos intérêts naturels.

De nombreuses personnes viennent à moi en quête de la finalité de leur vie. Les anges sont heureux de nous aider à nous souvenir de la mission pour laquelle nous nous sommes portés volontaires avant de nous incarner. Leur aide arrive parfois sous la forme de conseils psychologiques, comme cela a été le cas pour ma cliente Amy.

Amy : Les anges ont-ils un message à me transmettre concernant le cours et l'orientation de mon existence ?

Doreen : J'entends vos anges dire à l'unisson : « Sois fidèle à toi-même ! » Il semble que d'une certaine manière vous suivez le cheminement de carrière prévu, mais que vous contrariez encore le véritable désir de votre cœur. Ils me disent que vous rationalisez vos sentiments quant à votre carrière et que vous priez pour demander de l'aide. Vous avez déjà reçu la réponse à vos prières et vous en avez conscience : soyez honnête avec vous-même et prenez les mesures qui s'imposent. C'est avec amour que Dieu et les anges vous guideront dans vos gestes et vos paroles, et soyez assurée qu'ils ne vous demanderont jamais de faire quelque chose qui pourrait vous nuire ou nuire aux autres.

Découvrir la finalité de sa vie

« Quelle est ma raison d'être ? » est l'une des questions que mes clients me posent le plus souvent. Pourquoi ? Parce qu'ils désirent accomplir quelque chose qui fera progresser le monde. Chacun de nous a une « finalité de vie divine », une tâche assignée que nous avons accepté d'accomplir durant notre vie. Dieu, nos guides et nos anges nous ont aidés à trouver cette finalité avant notre incarnation. Ils se sont assurés qu'elle concorderait avec nos talents et nos intérêts naturels. Ce plan comprenait également assez de temps, d'argent, d'intelligence, de créativité et d'autres ressources pour être réalisé entièrement.

Annette, veuve et retraitée, voulait connaître la finalité de sa vie et ressentait le désir d'apporter sa contribution au monde. Comme l'ont expliqué les anges, il n'est pas nécessaire de donner à la finalité de notre vie une vocation lucrative.

Annette : J'ai voulu découvrir la finalité de ma vie parce que je veux faire quelque chose qui aidera le monde.

Doreen : Selon vos anges, vous le faites déjà. Ils disent : « *Toutes les finalités n'impliquent pas un travail de 9 h à 5 h accompagné d'un chèque de paie. Beaucoup requièrent simplement d'être centré et paisible lorsqu'on fait ses courses en ville. Tu es une messagère de la lumière et de l'amour divins. Tu es un modèle de comportement pour bien des gens, et c'est une finalité subtile mais importante. Pour être un modèle de comportement, il ne faut pas nécessairement être vu sur le devant de la scène ou dans les journaux. Il peut s'agir d'une personne qui, comme toi, est un modèle de paix, de compassion et de douceur.* » Les anges me montrent que ce sont vos qualités et que d'autres les remarquent. Ils m'indiquent également que le jardinage est une forme de thérapie pour vous.

Annette : Oh, j'aime vraiment jardiner.

Doreen : Vos anges vous félicitent et disent : « *Chaque fois que tu jardines, tu apportes ta contribution au* *monde par la paix de ton esprit. Chacune de tes pensées paisibles rejoint le monde et influence les autres exactement de la même manière que, à l'inverse, les pensées irritées affectent les autres comme le fait la fumée secondaire. Lorsque tu jardines, tes pensées jouent une musique merveilleuse qui résonne dans toutes les sphères. »* Ils vous bénissent pour ce que vous apportez.

Vos anges disent que vous n'avez pas besoin d'horloge de pointage pour apporter votre contribution au monde. Cependant, ils mentionnent que, si vous *aviez envie* de faire un peu de bénévolat, vous seriez heureuse dans un milieu institutionnel comme un hospice. Vous pourriez simplement rendre visite aux résidents, leur passer la main sur l'épaule et leur dire un mot gentil. Vous pourriez aussi leur apporter du thé. Ce serait une manière de leur transmettre votre énergie d'amour et de guérison.

Annette : Oui, *j'avais* pensé travailler dans un hospice !

Doreen : Eh bien, selon les anges, c'est une chose qui vous plairait et dans laquelle vous seriez très efficace, si toutefois vous désirez accomplir un travail formel à l'extérieur de la maison. Je vous vois entrer dans les chambres des résidents d'un hospice et réconforter les gens très simplement, tranquillement et avec amour. Ce n'est pas tant ce que vous dites que le soutien que vous leur apportez qui les guérit.

Annette : C'est mon style, pas de doute.

Doreen : Mais vos anges ne vous poussent pas à le faire, Annette. Ils disent : « *C'est une période de ta vie où ralentir un peu, te détendre et prendre du bon temps. Garde la maîtrise de ton allure.* »

Annette : Oh, c'est logique, j'ai été tellement occupée pendant tant d'années !

Doreen : Ils ne veulent pas que vous vous forciez ou que vous vous sentiez coupable. Ils veulent que vous sachiez que vous apportez quelque chose au monde à chacune de vos pensées paisibles.

ᚥ ᚥ ᚥ

Comme l'ont expliqué les anges d'Annette, notre principale mission est d'être en paix avec nous-mêmes ; aussi notre tâche implique-t-elle davantage d'« être » que de « faire ». Le désir d'être utile aux autres est toutefois très fort chez beaucoup de gens, car les humains ont peur de mourir sans avoir vécu une vie qui compte. Dans la séance décrite ci-après, ma cliente Stella et moi discutons de la nature quasi instinctive de l'énergie qui nous permet d'atteindre notre finalité.

Stella : Je sens très fort en moi l'obligation d'accomplir ce que je suis venue faire.

Doreen : Oui, bien sûr.

Stella : Et ce n'est pas cette espèce d'impression qui disparaît simplement avec les années.

Doreen : Non, et elle ne le peut pas. L'envie que nous avons chacun d'atteindre notre finalité est un instinct extrêmement fort.

Stella : En vieillissant — je viens d'entrer dans la quarantaine —, je commence à avoir l'impression qu'il ne me reste plus tant de temps. Il faut que je m'y mette et que je j'accomplisse ma mission, quelle qu'en soit la nature.

Doreen : Exactement. Notre finalité ne doit pas obligatoirement passer par un travail rémunéré. C'est bien lorsque c'est le cas mais, je vous en prie, ne négligez pas le fait que vous aidez déjà beaucoup les gens en leur parlant, en les écoutant et en leur enseignant. Nous parlerons avec les anges durant notre séance de ce soir et nous verrons ce qu'ils disent de la finalité de votre existence. Au fond de vous, vous connaissez déjà la mission de votre vie. Vous l'avez simplement oubliée et les anges vous la rappelleront si vous leur demandez.

Des carrières constructives sur le plan spirituel

Mes clients me disent parfois qu'ils rêvent d'aider le monde en exerçant une profession en rapport avec la spiritualité. Nombre de gens apportent d'importantes contributions au monde par des moyens qui semblent très subtils.

Par exemple, la vie de certaines personnes a pour finalité d' « ancrer la lumière » dans le monde. Cela signifie qu'elles sont envoyées à titre d'éblouissants anges terrestres qui diffusent des pensées et de l'énergie de guérison dans le corps et l'atmosphère de la Terre afin d'annuler les effets nocifs des polluants et de la négativité. Dans la séance ci-après, ma cliente Belinda et moi discutons du rôle que joue son mouvement vers une fréquence vibratoire plus élevée.

Belinda : Pouvez-vous me donner une idée de ma mission dans cette vie ? J'ai longtemps cru que c'était de vivre une relation vraiment extraordinaire et, à partir de là, d'élever la fréquence vibratoire de notre couple. Cependant, puisque je n'arrive pas à trouver une relation de ce genre, je me demande depuis peu s'il ne s'agirait pas d'autre chose.

Doreen : Oui, votre mission implique d'élever votre fréquence vibratoire. Ce faisant, vous élevez le monde entier et rendez service. De plus, vous apprenez l'équilibre entre la modestie et l'humilité, et vous vous aimez vraiment comme vous aimez votre voisin. Votre vie privée et votre intimité vous posent quelques problèmes et vous êtes en train d'apprendre à équilibrer le tout pour savoir comment traiter avec les gens. Vous apprenez également en ce moment à vous exprimer pour des raisons d'ordre thérapeutique.

Votre voie est aussi celle de l'enseignement ; alors, l'art, l'écriture et l'expression créatrice sont vraiment importants pour votre croissance. Je vous vois au milieu de journaux. Quand nous avons commencé la séance, je vous voyais écrire. C'est donc une avenue à explorer : rédigez un journal, pour commencer, et puis voyez où cela vous mène.

Belinda : Eh bien, j'aime vraiment écrire.

Doreen : Les anges me montrent que ce serait une idée géniale de vous entourer de roses roses.

Belinda : Oh, super ! Rien que d'y penser, je sens mon cœur s'ouvrir.

Doreen : Exactement, les roses roses ont un lien avec l'ouverture du chakra du cœur.

L'âme artiste

Je constate que les gens sont plus heureux lorsqu'ils mènent des carrières correspondant à leurs véritables intérêts. Les artistes, comme ma cliente Eileen, ont besoin d'exercer des métiers de création. Certains croient qu'ils ne peuvent pas gagner beaucoup d'argent dans des entreprises artistiques ; cependant, en nous servant de nos facultés créatrices, nous découvrons une multitude de moyens pratiques et merveilleux de gagner de l'argent dans les arts.

Eileen : À mon âge, je ne peux pas me permettre beaucoup d'erreurs sur le plan professionnel et je demande que les anges me guident. Commercialiser ces produits informatiques est-il la meilleure chose à faire ou ai-je d'autres possibilités ? Je suis fatiguée et déconcertée, et je ne veux pas trouver un vrai métier.

Doreen : Vos anges vous remercient de les consulter à ce propos. Ils vous rappellent que vous faites partie d'une équipe et ils adorent votre façon d'aborder votre carrière en ce sens. Ils laissent entendre que vous êtes venue à eux pour d'autres aspects de votre vie, notamment pour vos relations.

Vos anges disent que vous avez de vrais dons artistiques et vous conseillent de ne pas les abandonner. Vous pouvez avoir un travail qui vous plaît tout en vous adonnant à votre véritable passion. Ne mélangez pas les deux en pensant que vous devez souffrir pour gagner de l'argent en attendant de faire fortune. La commercialisation d'ordinateurs, vous le savez, n'est pas en accord avec vos véritables intérêts ; vous ne faites ce métier que pour l'argent. Malheureusement, lorsque nous agissons ainsi, nous ne gagnons pas tant d'argent que cela et, par surcroît, nous ne nous amusons pas !

Un autre travail vous attend. Je vois la vente au détail de produits destinés aux femmes dans une boutique ou un genre de magasin. C'est un travail peu stressant, joyeux, et les clients sont optimistes. Cela vous aidera à faire monter en flèche votre autre carrière (une entreprise de création dans laquelle vous serez travailleuse autonome) parce que vous vous sentirez heureuse et que vous aurez une sécurité financière.

Eileen : Merci. Puis-je vous demander qui sont mes anges ? Et l'autre carrière, pourrait-il s'agir de restauration ?

Doreen : Je commencerai par répondre à votre seconde question. La restauration irait sans doute bien avec les caractéristiques de ce que me montrent vos anges. N'importe quoi vous permettant d'utiliser vos dons artistiques marcherait très bien ! Il y a plusieurs anges autour de vous, notamment Gabriel, l'ange des artistes et des communicateurs. Les autres sont Hoziel, Chamuel et un ange masculin qui insiste pour dire qu'il s'appelle Oscar.

Donnez un élan à vos affaires

Un soir, je donnais une conférence à un groupe de guérisseurs venant de tous les horizons sur la manière dont les anges pouvaient les aider dans leurs pratiques privées. Durant la causerie, j'ai mentionné que les guérisseurs pouvaient demander aux anges de les aider à attirer davantage de clients. Tout ce qu'ils avaient à faire, c'était de dire une prière comme : « Je demande que toute personne à qui une pratique avec moi apporterait des grâces soit guidée vers moi. »

Élisabeth, une conseillère qui faisait partie de mon public, a connu un succès immédiat après avoir dit cette prière. Elle m'a écrit : « J'ai assisté à la conférence au cours de laquelle vous avez parlé de la manière dont nous pouvons avoir plus de clients. J'ai suivi votre conseil sur-le-champ et chaque jour par la suite. J'ai peu après reçu des personnes à qui on m'avait recommandée. »

Une autre de mes étudiantes en conseil spirituel, Nancine, a demandé à ses anges de l'aider à démarrer une carrière impliquant de prendre la parole en public. Voici comment ils l'ont divinement guidée dans la façon de faire ses discours :

Je commence une carrière de conférencière spécialiste de la motivation et j'ai médité un certain temps sur la manière de me produire en public. En méditant calmement et paisiblement, j'étais capable d'entendre les conseils divins de mes anges. Tout d'abord, ils m'ont encouragée à chercher le bloc sous-jacent qui venait à la surface à l'idée d'obtenir réellement ce que je désirais, et de libérer cette croyance. Lorsque je l'ai fait, j'ai compris que mon ego était préoccupé de savoir si j'étais vraiment qualifiée et si j'avais assez de compétences. Alors, j'ai transcrit cette préoccupation, parmi d'autres croyances, sur une feuille que j'ai brûlée au cours d'une cérémonie. J'ai rédigé des affirmations positives à propos de mes qualifications et les ai disposées un peu partout dans ma maison.

Quelques semaines plus tard, j'ai trouvé une demande de conférence sur mon répondeur. J'étais sur le point de répondre à cet appel lorsque j'ai entendu une douce voix dire en moi : « *Va d'abord à la bibliothèque et rédige un plan.* » J'ai suivi ce conseil et fait ce plan, puis j'ai rappelé. La personne m'a demandé si je pourrais donner un atelier de commercialisation dans les entreprises. Avec mon plan tout neuf sous les yeux, j'ai pu expliquer avec assurance ce que je pouvais faire ; j'ai même donné le titre de l'atelier ! « Magnifique ! a dit la personne. Trois heures suffiront-elles ou préféreriez-vous plus de temps ? » J'ai obtenu soudain ma première importante présentation d'exposé grâce au conseil divin que j'avais reçu !

Durant les huit semaines qui ont précédé cette première présentation, j'ai pris du temps pour purifier mes chakras et écouter les conseils divins. Chaque jour, les anges me conduisaient au clavier et je me mettais à écrire. Un jour, ils m'ont recommandé d'écrire mon C.V. et mes antécédents de carrière. Le lendemain même, l'organisme me demandait d'envoyer par télécopieur mon C.V. et le plan de l'atelier. Une semaine plus tard, des centaines de brochures comportant cette information étaient envoyées. Je n'aurais pas pu attendre une minute de plus et c'est ce que les anges m'avaient dit.

L'un de mes anges gardiens m'a suggéré de joindre un service d'informations locales et de faire un peu de publicité. Le service m'a tout d'abord répondu qu'il n'était pas intéressé. Quelques jours après, les anges m'ont dit : « *Rappelle-les. Sois aimante mais ferme.* » J'ai pensé que c'était de la folie, mais j'ai rappelé. J'ai considéré les besoins des gens de l'agence et expliqué à quel point mon discours cadrerait bien avec leur journal. Le matin de l'atelier, l'une de mes voisines m'a dit, tout excitée : « *J'ai vu votre nom et votre atelier dans le journal hier matin !* » C'était le seul jour où je n'avais pas acheté le journal, mais ma voisine était contente de me passer le sien. Ma publicité était là, en première page de la rubrique « Affaires ».

Lorsque j'ai donné l'atelier, j'ai été vraiment heureuse de constater que mon public était constitué de gens à l'énergie très élevée. Nous avons vécu ensemble une expérience incomparable. Voici ce que le président de l'organisme m'a écrit par la suite : « Les visages radieux que je voyais dans toute la pièce m'ont montré que vous aviez touché à l'intérieur quelque chose de réellement essentiel. » Les anges continuent de me guider dans ma carrière d'oratrice.

Paraître sous son meilleur jour

Les anges me font penser à des entraîneurs qui nous aident à exceller dans notre travail. Ils nous préparent sur tous les plans : intellectuel, spirituel, mental et physique. Par exemple, mon mari, Michael, s'apprêtait à aller passer la journée à son bureau. Il savait qu'il ne verrait pas de clients durant la matinée et qu'il travaillerait seul jusque vers midi. Il a donc décidé de ne pas se raser le matin et d'emporter son rasoir électrique pour pouvoir le faire au bureau dans l'avant-midi. Alors qu'il emballait son rasoir, il a entendu une voix dire : « *Mieux vaut prendre également le cordon d'alimentation.* » Michael a trouvé que ces paroles étaient bizarres étant donné que son rasoir fonctionne avec des piles et qu'il avait récemment rechargé la batterie. Il a cependant écouté la voix et pris le cordon. Trois heures plus tard, Michael se tenait devant le lavabo de son bureau lorsque soudain la pile de son rasoir s'est retrouvée à plat. « Si je n'avais pas apporté ce cordon électrique, je n'aurais pas été rasé pour mon rendez-vous de l'après-midi », a-t-il dit.

Une tape dans le dos

Une femme du nom de Patricia m'a raconté la délicieuse histoire suivante. « J'avais travaillé consciencieusement sur un document très complexe. Lorsque j'eus fini, j'ai dit en silence à mes anges : " *Voilà qui mérite un beau compliment.* " J'ai livré le document à mon client. Il m'a appelée plus tard pour me dire qu'il était vraiment impressionné et m'a remercié de mon inventivité. Comme cela venait de quelqu'un qui n'a jamais au grand jamais complimenté qui que ce soit dans son personnel, mes anges et moi étions ravis ! »

Gestion du stress

Les anges me disent continuellement : « *On s'impose volontairement toute pression.* » En d'autres termes, c'est nous qui choisissons d'être stressés. Nous pouvons nous persuader que quelqu'un ou quelque chose d'autre nous fait agir contre notre volonté mais, en fin de compte, nous avons toujours le choix et la capacité de dire non même si cela entraîne de lourdes conséquences. Les anges disent que le fait de comprendre cela a un effet libérateur et nous aide à nous défaire du stress qui accompagne l'impression d'être esclave et en prison.

Nous avons infiniment plus de maîtrise de notre vie quotidienne que nous en avons conscience, et c'est souvent parce que nous n'avons jamais tâté le terrain pour savoir à quel point nos pensées influencent tout ce qui vient à nous pendant la journée. Les anges m'ont enseigné l'importance d'affirmer nos intentions du jour, au saut du lit, le matin. Demandez-vous « Qu'est-ce que je veux faire de cette journée ? » et il en sera comme vous en aurez décidé.

Par exemple, si vous ne voulez pas être dérangé par le téléphone, demandez à vos anges de filtrer vos appels. Les gens qui normalement vous appelleraient pour un oui ou pour un non seront guidés pour ne le faire que s'ils ont quelque chose de vraiment important à vous dire. En revanche, si vous vous attendez à avoir une journée de fou, cette « intention » se réalisera comme une prophétie auto-accomplie.

Un jour, mon étudiante Bonnie, qui est représentante de commerce, a découvert ce secret. Elle s'est réveillée un matin et a dit à ses anges : « J'aimerais vraiment travailler de la maison aujourd'hui. » Àsa surprise, chaque appel qu'elle recevait semblait guidé par le divin. Elle se souvient : « Chaque personne qui appelait demandait un rendez-vous pour la semaine suivante. Cela m'a donné le temps de m'occuper de tâches très en retard. Àprésent, je suis responsable de ma journée au lieu de permettre aux circonstances de me dicter mon programme ; je termine des projets que je reportais chaque jour et qui m'accablaient. »

Vos anges peuvent vraiment faire fonction de merveilleux cadres et assistants. Demandez-leur de gérer vos appels téléphoniques, vos visites et vos rendez-vous. Conviez-les à un remue-méninges pour trouver ensemble de nouvelles idées créatives. Ils vous aideront à tenir vos réunions à l'heure et, comme je l'ai découvert, ils ne laisseront rien se mettre en travers de votre route.

Voyage d'affaires

Je prends l'avion presque chaque fin de semaine pour donner des ateliers dans une ou plusieurs villes. Habituellement, le fait de voler autant impliquerait de rencontrer un certain nombre de problèmes ; cependant, quand on emmène ses anges en voyage, on inverse les probabilités en sa faveur.

Un dimanche soir, en raison d'orages dans tout le pays, l'aéroport d'Atlanta avait pratiquement arrêté de fonctionner alors que j'essayais de prendre un avion, comme des milliers d'autres voyageurs. La seule compagnie à voler était Delta Airlines ; toutes les autres avaient annulé leurs vols. Alors, tout le monde affluait au terminal de Delta, luttant pour obtenir un siège.

L'avion de Delta à destination de Los Angeles sur lequel j'ai tout d'abord embarqué est resté sur la piste pendant 30 minutes, puis le pilote a annoncé qu'en raison de problèmes mécaniques le vol était annulé. Nous avons donc tous dû sortir pour essayer de trouver des sièges sur d'autres vols.

Nous sommes retournés vers le terminal au milieu d'une mer de gens se tenant devant un comptoir d'embarquement, insistant pour être pris sur le seul vol restant pour la Californie. Une nouvelle fois, j'ai prié et demandé à mes anges de m'aider à rentrer chez moi. J'étais fatiguée et j'avais des clients à voir le lendemain. La foule m'a en quelque sorte poussée en tête de la file.

J'ai commencé à parler avec un couple qui se trouvait en face de moi dans la file. Nous souriions et plaisantions tout en remarquant avec nervosité les nombreuses personnes assiégeant le comptoir de vente des billets. J'avais l'impression que nous étions dans l'œil d'un ouragan capricieux. Ensuite, ce fut le tour de mes nouveaux amis de s'approcher du comptoir. L'agent de la billetterie leur a dit : « Il me reste trois places dans cet avion. Elles sont toutes au fond mais, si vous les voulez, elles sont à vous. » Ensuite, il m'a regardée puis s'est retourné vers le couple en demandant : « Cette personne voyage-t-elle également avec vous ? »

« Oui », les deux ont-ils répondu. Quelques instants plus tard, je m'effondrais sur mon siège, qui était miraculeusement côté allée, en remerciant avec profusion Dieu, les anges et ce couple de m'avoir aidée.

Priè res aux anges

Voici quelques puissantes priè res pour vous aider à prendre contact avec le divin dans votre vie professionnelle.

PRIÈ RE POUR RÉGLER LES CONFLITS DE TRAVAIL

Cher Dieu,

Mon plus profond dé sir est d'ê tre heureux(se) tout en travaillant et je demande Ton aide afin de trouver la paix au travail. S'il Te plaî t, aide-moi à ê tre compris(e) de chaque personne avec qui je prends contact de mê me qu'à la comprendre. Je T'en prie, libè re-moi de toute peur engendrant des relations conflictuelles au travail. Je vous demande, à Toi et aux anges, de me guider vers des responsabilité s et des tâ ches professionnelles correspondant à mes inté rê ts et à mes compé tences. Àpré sent, je me vois heureux(se) lorsque je me ré veille le matin pour aller travailler et je demande Ton aide pour manifester cette vision. Amen.

PRIÈ RE POUR DÉCOUVRIR LA FINALITÉ DE SA VIE

Àtous ceux qui veillent sur moi,

Il semble que j'aie oublié la finalité divine de ma vie ; aussi je demande votre aide afin de pouvoir me souvenir de la raison pour laquelle j'ai choisi de venir ici et maintenant. Je dé sire me libé rer de toute peur m'empê chant de me rappeler la finalité de mon existence, notamment la peur du succè s et celle de l'é chec. Je sais que je suis qualifié (e) pour remplir ma mission et je demande que votre assistance permanente m'aide à connaî tre la voie qui fait chanter mon cœur. Je vous prie de m'aider à connaî tre la diffé rence entre la joie et la peur afin de pouvoir me plonger dans des activité s qui ont du sens, qui sont utiles aux autres et qui m'apportent la joie. Merci infiniment.

PRIÈ RE POUR UN NOUVEL EMPLOI

Bien-aimé Cré ateur,

Tu m'as guidé (e) pour trouver un nouvel emploi et je Te demande de m'aider à remarquer les portes que Tu ouvres à pré sent pour moi. Je Te demande des signes trè s clairs et trè s é vidents qui me guideront vers un nouvel emploi dans lequel mes dons et mes inté rê ts seront utilisé s de maniè re signifiante. S'il Te plaî t, aide-moi à reconnaî tre que je mé rite un nouvel emploi prodigieux et dissipe toute nervosité durant les entretiens. Je demande que des anges supplé mentaires stimulent ma confiance et mon courage et me gardent concentré (e) sur le fait que Tu pourvois à mes besoins maintenant. Amen.

PRIÈ RE POUR ÉLIMINER LE STRESS

Cher Dieu, chers archanges Raphaë l et Michael,

Il semble que le stress laisse des traces en moi ; aussi ai-je besoin de votre aide. Je vous en prie, libé rez-moi des pressions que je me suis imposées. Raphaël, je te demande de me couvrir de ton énergie de guérison afin que mon corps s'allège des effets du stress. Michael, je t'implore de supprimer les conséquences des pensées négatives et effrayantes, notamment les liens qui m'épuisent. Je désire laisser aller toute habitude d'autopunition, d'urgence temporelle ou tout système de croyances engendrant des situations stressantes. Je sais que j'ai assez de temps et d'énergie, en vérité, et je vous demande de m'aider à en faire l'expérience immédiatement. Merci et amen.

PRIÈRE POUR ACCROÎTRE LES POSSIBILITÉS D'AFFAIRES

Chers Dieu, Esprit saint, Maîtres ascensionnés et anges,
Je demande que toute personne qui recevrait des grâces émanant des produits et services de mon entreprise soit guidée pour prendre contact avec moi aujourd'hui. J'accueille chaleureusement les étrangers et je suis ouvert(e) aux possibilités nouvelles dans ma vie. Je désire libérer toute pensée, toute croyance ou tout modèle négatif qui me conduirait à saboter de nouvelles occasions. Je vous en prie, aidez-moi à reconnaître que je mérite ce qui est bon maintenant. Merci.

PRIÈRE POUR ACCÉDER À LA TRANQUILLITÉ FINANCIÈRE

Dieu très aimé,
Je sais que Tu es la source de tout ce qui est bon pour moi et que Tu pourvois à mes besoins à tous les points de vue. S'il Te plaît, aide-moi à laisser aller la peur qui

m'empê che de recevoir Tes dons. Je T'en prie, aide-moi à
é prouver la paix, la gratitude et la sé curité financiè re de
mê me qu'à savoir que je suis Ton enfant, à qui Tu accor-
des de grandes grâ ces. Je reste maintenant ouvert(e) à
Ton conseil divin. Il me conduit avec perfection vers des
situations, des personnes et des possibilité s qui font
partie de Ton plan pour m'assurer la tranquillité financiè re. Àpré sent, je me vois et me sens, ainsi que je vois et
sens toute autre personne, totalement en sé curité sur le
plan financier, et l'univers d'abondance que Tu as cré é
fait dé border mon cœur de gratitude et de joie. Merci et
amen.

Affirmations angé liques

Je travaille avec des clients afin d'accroî tre leur assurance, à la fois en leur envoyant des anges pour libé rer les
doutes qu'ils ont quant à eux-mê mes et en leur demandant de ré pé ter quotidiennement des « affirmations angé liques ». L'annexe du pré sent livre comporte une liste d'affirmations que j'utilise dans ma pratique de conseil. Vous
pouvez vous en servir pour ré soudre des problè mes relatifs
à votre carriè re ou pour dé velopper votre confiance en
vous-mê me dans le cadre de vos relations sociales, de votre
vie amoureuse et de votre relation à vous-mê me.

En travaillant avec des personnes qui se sentent frus-
tré es par leur travail ou qui n'ont pas ré ussi à faire la carriè re qu'elles dé siraient, je dé couvre habituellement que le
problè me ré sulte d'un manque de confiance en soi. Par
exemple, j'avais un client qui é tait acteur. Àl'é poque où
nous avons eu notre sé ance, il n'avait pas dé goté de rôles

depuis dix mois. Les anges m'ont dit que mon client ne s'attendait pas à être embauché et que cette attente très négative influençait son jeu. Mon client a saisi d'emblée la vérité révélée par cette lecture angélique et, peu de temps après, il travaillait avec les affirmations angéliques afin de *s'attendre* à être embauché. Il est redevenu aussitôt un acteur occupé.

Les anges veulent participer à chaque aspect de notre vie professionnelle. Dans le chapitre suivant, vous ferez la connaissance d'un groupe spécial d'anges qui peuvent aider à remonter le moral et l'énergie.

CHAPITRE SIX

*Anges de la nature
et animaux anges gardiens*

Avez-vous déjà remarqué comme vous vous sentez merveilleusement bien lorsque vous marchez dehors ? Les anges de la nature, qui vivent parmi les plantes et les animaux, sont en grande partie responsables de l'effet thérapeutique qu'exercent les grands espaces. L'une des raisons pour lesquelles nous nous sentons à merveille lorsque nous sommes entourés de plantes, de fleurs et d'animaux est que la nature est remplie de puissants anges guérisseurs. Les anges de la nature, souvent appelés « le règne élémental », constituent un règne du royaume des anges capable de vous guérir de tout problème.

Anges de la nature : les élémentaux

Chaque créature vivante a des anges gardiens, notamment les fleurs, les plantes, les arbres, les oiseaux et les autres animaux. De nombreux types d'êtres différents vivent dans le règne « élémental » ou royaume des anges de la nature. Il s'agit de créatures considérées mythiques comme les farfadets, les elfes, le peuple des arbres et les lutins.

En s'ouvrant à la clairvoyance, on découvre que ces êtres existent réellement et qu'ils ne sont pas difficiles à voir. Il suffit de marcher dans la nature et de faire mentalement appel à eux. Il convient d'être poli car les élémentaux se méfient des humains qui ont des visées agressives ou manipulatrices, ou qui sont ivres ou culottés. Ils adorent les humains qui s'intéressent à la protection de l'environnement, ce qui est la finalité essentielle du règne élémental.

Les fées sont les élémentaux principalement impliqués dans la guérison des humains. Ces tout petits êtres d'apparence humaine dotés d'ailes de libellule ou de papillon ressemblent à Tinkerbell. Ils volent de fleur en fleur et, avec leur halo blanc, on dirait des lucioles.

Je rencontre beaucoup de personnes dont les anges gardiens sont des fées. Ce sont toujours des gens dont la finalité de vie concerne la nature, l'écologie ou les animaux. Dans le chapitre sur les anges incarnés, vous découvrirez des humains réellement *originaires* du règne élémental.

Les fées nous aident à nous libérer des pensées, formes-pensées et énergies négatives que les autres peuvent nous avoir insufflées ou qui sont nées de nos propres préoccupations. Lorsque vous marchez dans la nature, demandez mentalement aux fées de vous entourer de leur amour et de leur lumière. Elles se presseront autour de vous et vous débarrasseront de la négativité comme s'il s'agissait d'un essaim d'abeilles butinant le pollen. Les fées font preuve d'une espièglerie qui vous incitera à rire et à vous amuser, des actions qui sont à coup sûr des activités thérapeutiques.

Vous pouvez trouver des fées partout où il y a des plantes ou des animaux. C'est autour des fleurs et des aires de nature qu'elles sont en plus grand nombre. Des fées accompagnent aussi vos plantes d'intérieur en pot. Il est bon pour la santé d'avoir une plante en pot à votre chevet, car les fées peuvent travailler avec vous pendant votre sommeil et vous aider à passer une merveilleuse nuit de repos.

Animaux angéliques

De bien des façons, nos animaux familiers sont nos anges terrestres. Ils nous tiennent compagnie, nous prodiguent un amour inconditionnel et nous divertissent. Ce qui est merveilleux, c'est que chaque animal a des anges gardiens. Aussi, lorsque vous êtes avec votre animal familier, vous êtes non seulement en interaction avec lui, mais aussi en contact étroit avec ses anges gardiens.

Un jour, l'animateur d'une émission-débat m'a demandé si les anges des chiens ressemblaient à de petits chiens pourvus d'ailes. Il m'a ensuite demandé si les mouches avaient des anges (oui, elles en ont !). Les anges gardiens des animaux sont des fées. Les animaux et les oiseaux vivant dans et sur l'eau ont des « sylphes » pour anges gardiens. Les sylphes sont des fées aquatiques élancées, minces et transparentes de couleur opalescente. Ils n'ont pas d'ailes car ils nagent au lieu de voler.

Vous pouvez parler aux anges gardiens de vos animaux familiers et leur demander de vous aider chaque fois que vous vous faites du souci pour ces derniers. Ils vous aideront à surmonter toutes sortes de difficultés comme des problèmes de santé ou de comportement, ou encore à retrouver un animal égaré.

Roméo, mon chat, est un Himalayen au poil duveteux de couleur crème et aux immenses yeux bleus. Il a la plus forte personnalité que j'ai jamais vue chez un animal et chaque personne qui le rencontre en tombe amoureuse — d'où son nom. En fait, si vous approchez votre visage de Roméo, il mettra sa bouche près de la vôtre comme pour vous donner un baiser.

La plupart du temps, Roméo se tient bien. Évidemment, il aime que son assiette déborde en permanence de nourriture fraîche. Bien sûr, il faut que ce soit la marque la plus chère d'aliments pour chats, sinon il n'y touchera pas. Cependant, au-delà de son idiosyncrasie, Roméo ne nous a jamais causé le moindre ennui... à part cette unique fois où il a grimpé sur le toit de tuiles de notre maison à deux étages. Comme c'est un toit à pente raide, je craignais que Roméo ne glisse et se fasse mal. Je sais que les chats se remettent de leurs chutes ; toutefois, je redoutais que Roméo, dégriffé de longue date, ne se sauve de la maison dans l'affolement causé par la chute.

J'ai couru à la fenêtre jouxtant le toit et j'ai enfoncé la moustiquaire dans l'espoir d'atteindre mon chat chéri en tendant les bras, mais il se trouvait encore à environ une soixantaine de centimètres. Trop effrayée pour monter sur le toit glissant, j'ai imploré Roméo à voix haute de venir vers moi. Il m'a regardée en clignant des yeux d'un air endormi, mais il n'a pas bougé pour marcher dans ma direction.

J'ai regardé ma montre. Mon mari et moi devions partir à une réunion importante, mais comment pouvions-nous quitter la maison en laissant Roméo en rade sur le toit ? Finalement, je me suis aperçue que j'avais négligé de prier. Dans le passé, mes prières avaient toujours rapidement déclenché une action de l'Univers mais parfois, au cœur des crises, j'« oubliais » de prier pour demander une aide spirituelle jusqu'au moment où je me rendais compte que mes efforts humains en solo n'aboutissaient à rien.

Il m'est venu à l'esprit de demander l'aide des anges gardiens de Roméo. Je n'avais jamais pensé consciemment au fait que mon chat avait des anges gardiens mais, à ce moment-là, cela m'a semblé être la solution idéale. Après tout, tout le monde n'a-t-il pas d'anges gardiens ? Pourquoi les animaux n'auraient-ils pas droit à ce don de Dieu ?

J'ai fermé les yeux et dirigé mes prières vers les anges gardiens de Roméo ainsi : « Je vous en prie, dites à Roméo de venir vers la fenêtre où je me tiens, et de me laisser l'attraper et le ramener du toit. » En ouvrant les yeux, j'ai senti une vague de quiétude en moi. Je me suis sentie obligée de dire « Roméo, viens ici », et cette fois cela a marché !

Roméo est venu vers moi sur-le-champ et m'a permis de le prendre et de l'amener à l'intérieur. Mon chat était en sécurité dans mes bras, tandis que je pleurais des larmes de reconnaissance pour l'aide immédiate que m'avaient apportée ses anges gardiens. Nous sommes tous, y compris les animaux, entourés d'anges gardiens qui nous offrent amour et protection.

Les anges protègent nos animaux familiers

Renée, une femme ayant suivi plusieurs de mes cours de communication angélique, a découvert elle aussi que ses propres anges gardiens protégeaient son chat. Voici ce qu'elle a raconté :

> J'ai vécu une expérience merveilleuse que j'ai envie de partager. Avant d'aller me coucher, je fais ce que suggère Doreen et demande à Dieu de placer un ange à chaque coin de ma maison pour protéger, ma famille et moi, pendant la nuit. Ce jour-là, mon fils est rentré du travail à deux heures du matin. Il était fatigué et n'a pas vérifié si la porte était fermée à clé. Il a par mégarde laissé la porte arrière ouverte, c'est-à-dire grande ouverte, de 80 centimètres.
>
> Le matin, lorsque je me suis levée, il faisait froid dans le salon, la porte était ouverte et mon chat — qui normalement aurait dû courir dehors — allait et venait devant la porte. C'était comme si une barrière invisible l'empêchait de sortir. C'est un chat d'intérieur qui ne saurait pas se débrouiller seul dehors. Merci, les anges !

Les meilleurs amis des humains... pour l'éternité

Comme les nôtres, les âmes de nos animaux familiers ne meurent jamais. Leurs esprits demeurent souvent tout à côté de nous. Je vois fréquemment des chiens et des chats près de mes clients, et je sais qu'ils dispensent le même amour et apportent la même compagnie que lorsqu'ils étaient vivants. Leur propriétaire n'est peut-être pas conscient de leur présence mais leur âme, elle, sait lorsque leur chien ou leur chat est là. Nous tirons profit du fait d'avoir un animal familier, car cela ajoute autour de nous une couche supplémentaire d'« énergie d'amour », comme les douves d'un château ou le pare-chocs d'une voiture.

Un jour, après être passée dans une émission du matin sur une télévision de la côte Est, je marchais dans le « petit foyer » et j'ai vu un homme dans la quarantaine assis sur une banquette. Il avait sur l'épaule droite un épagneul springer en couleur et en trois dimensions, allongé en demi-lune comme sur cette vieille image où une vache saute par-dessus la lune. Normalement je garde mes visions spirituelles pour moi à moins que quelqu'un m'interroge. Pour une raison quelconque, j'ai été impertinente et j'ai demandé à cet homme : « Avez-vous perdu un chien récemment ? » En réponse à ma question, sa femme, qui était également dans le petit foyer, s'est précipitée vers moi.

Il s'est avéré que leur chien bien-aimé était mort depuis peu et nous avons eu une superbe réunion de famille juste là dans le petit foyer. Le chien m'a montré des scènes où il jouait avec ses maîtres et sautait avec l'homme dans des monceaux de feuilles aux couleurs de l'automne. L'homme et sa femme se sont réjouis de retrouver ces souvenirs sentimentaux. « J'ai dit à mon chien que nous serions toujours ensemble », m'a confié l'homme et j'ai pensé : *ils sont ensemble, ils le sont vraiment.*

Les cristaux et les anges

En plus des éléments et des animaux, la nature nous offre le « règne minéral » pour nous aider à guérir. Cela comprend les cristaux, qui ont la propriété d'amplifier l'énergie angélique tout comme les cristaux des montres et des radios amplifient d'autres formes d'énergie.

J'ai découvert dans les cristaux de merveilleux outils pour se connecter avec le royaume angélique. Ils agissent comme des mégaphones et augmentent l'intensité du signal des communications et des énergies de guérison que les anges nous transmettent. De nombreux cristaux ont des propriétés particulièrement en accord avec le royaume angélique.

Quartz transparent — Essayez de porter un cristal de quartz en collier ou d'en placer un au-dessus de l'espace qui sépare vos yeux physiques (troisième œil). Vous sentirez une sensation semblable à des frissons ou à un changement de pression de l'air. Cela signifie que le cristal dirige l'énergie angélique vers vous comme un prisme.

Quartz rose — C'est un cristal merveilleux pour ouvrir le chakra du cœur, qui est le centre à partir duquel nous éprouvons l'amour. Plus votre chakra du cœur sera ouvert, plus vous serez ouvert pour recevoir le flot d'amour que Dieu et les anges vous accordent.

Sugilite — Cette magnifique pierre violette est souvent appelée « cristal d'amour » parce qu'elle provoque un merveilleux sentiment d'amour de niveau élevé. Je constate qu'elle est en accord total avec l'énergie de l'archange Michael. La première fois que j'ai porté une sugilite en pendentif, c'était à Colorado Springs. Je donnais une conférence durant laquelle j'ai reçu en channeling un puissant message de l'archange Michael. La sugilite est fantastique pour ouvrir le chakra de la gorge, ce qui vous permet de communiquer plus clairement et avec plus de puissance.

Améthyste — Ce splendide cristal violet a une vibration extrêmement élevée et certaines personnes trouvent que l'améthyste les excite comme la caféine (c'est pourquoi certaines personnes ne peuvent pas travailler avec les améthystes). Cependant, c'est un cristal puissant pour ouvrir le chakra de la couronne, qui est la base de l'énergie de « claire connaissance » ou « clair savoir ». L'améthyste vous aidera à percevoir plus clairement l'information venant de l'Esprit universel de Dieu ou inconscient collectif.

Pierre de lune — Cette belle pierre ressemble à l'opale ; elle vous aide à élever votre fréquence spirituelle et votre vitesse vibratoire. Elle peut également vous aider à établir une meilleure connexion avec le niveau élevé d'énergie du royaume angélique. Sa couleur a la beauté transparente des anges.

Lapis-lazuli — Cette pierre d'un bleu azur est utile pour éveiller la clairvoyance ou la capacité à percevoir le monde non physique et les dimensions supérieures.

Spectrolite (dite labrador) — Cette magnifique pierre bleu-vert me rappelle les très riches couleurs de la nacre. Elle est merveilleuse pour passer à une fréquence supérieure d'intuition et vous faire voir toutes les situations avec les yeux d'un ange. Ainsi, vous pouvez vous hausser au-dessus des croyances du moi inférieur et voir les choses d'un point de vue plus élevé.

Prières angéliques pour les animaux

Voici des prières que vous pouvez utiliser avec les animaux. Vous les réécrirez pour tenir compte de votre situation et mentionner le nom de votre animal familier.

PRIÈRE POUR GUÉRIR UN ANIMAL FAMILIER

Cher Dieu,

Je demande que Toi, l'archange Raphaël et les anges guérisseurs entouriez mon animal familier de votre énergie d'amour et de guérison. Je T'en prie, aide-nous, mon animal familier et moi, à trouver la paix pour que la guérison puisse intervenir. S'il Te plaît, envoie-nous un miracle ; nous savons qu'à Tes yeux tout est déjà guéri. Je Te demande de m'aider à avoir foi et confiance afin que Ton amour puisse exister en mon animal familier et en moi maintenant. Merci.

Prière pour un animal égaré

Dieu très aimé,

Je sais que rien ni personne ne peut vraiment être perdu, car Tu es omniprésent et que Tu peux voir tout un chacun. J'affirme que rien n'est perdu aux yeux de Dieu et je vous demande, à Toi ainsi qu'aux archanges Michael et Raphaël, aux anges de la nature et à mes anges gardiens, de me réunir avec mon animal familier maintenant. Je fais appel aux anges gardiens de mon animal familier afin qu'ils m'envoient un signe pour que je puisse le retrouver. À présent, je me détends en sachant que Dieu, les anges et mon moi supérieur sont en communion avec mon animal familier. Merci.

CHAPITRE SEPT

Les anges, l'au-delà
et la dispersion du chagrin

Même s'ils savent que personne ne meurt en réalité, les anges compatissent au chagrin que nous éprouvons lorsqu'un être cher nous quitte et ils sont là pour nous aider nous remettre de sa perte. Ils nous montrent parfois des signes tels des papillons, des oiseaux ou des nuages ayant la forme d'anges ; d'autres fois, nos chers disparus nous envoient un message pour que nous sachions qu'ils vont bien. Comme pour toute difficulté de la vie, il est important que nous invitions nos anges à nous aider à nous soulager des pertes douloureuses. Après tout, comme nous l'avons vu, nos anges ne peuvent intervenir que si nous leur en donnons la permission.

Nos chers disparus font souvent office d'anges gardiens. Ceux qui sont morts récemment nous rejoignent de temps à autre, tandis qu'ils vivent des expériences ressemblant à l'école dans le plan de l'au-delà. Comme ils sont toujours à portée de voix, si vous appelez mentalement des êtres chers disparus en particulier, ils viendront immédiatement auprès de vous. Nos disparus nous aident durant les crises, et ils assistent à nos vacances et à nos réunions familiales. Ils aiment être alors reconnus ; si vous n'êtes pas sûr que la présence que vous sentez est vraiment celle d'un être cher, dites tout de même « Bonjour, je t'aime. »

Nos chers disparus viennent souvent dans nos rêves pour nous délivrer des messages angéliques. Ces rêves sont extraordinaires, avec des couleurs vives et des émotions fortes. Vous *savez* que ce sont des expériences réelles, mais il se peut que votre moi inférieur tente de vous convaincre qu'elles sont imaginaires. Ce n'est pas vrai. Les anges et nos chers disparus pénètrent dans nos rêves et nous livrent des messages de guérison parce qu'ils savent que nous sommes pleinement ouverts à leurs conseils à ce moment-là.

Dire au revoir

Michelle Mordoh Gross, qui vit en Espagne, m'a raconté comment un ange l'a aidée à dire « au revoir » à sa mère mourante. Voici sa touchante histoire :

> J'étais assise au chevet de ma mère, essayant désespérément de la réconforter en lui parlant de la vie après la mort et en lui disant combien je l'aimais. Les médecins ne comprenaient pas pourquoi et comment elle s'accrochait aussi longtemps à la vie. Mais *moi* oui. Elle voulait tenir pendant que j'étais là, jusqu'au bout de ses

forces, parce qu'elle voulait passer autant de temps que possible avec moi.

Alors, il m'est venu à l'esprit que je n'étais plus d'aucun secours. Au contraire, je lui interdisais involontairement de s'en aller. Cela a été une terrible révélation ; pourtant, j'ai pris la décision la plus difficile de ma vie. Il fallait que je la quitte pour qu'elle se sente libre de s'en aller.

Je me suis visualisée la laissant sous la garde d'un ange. Tandis que je tenais sa main amaigrie dans la mienne, je savais que ces moments étaient les derniers que nous passions ensemble. Le cœur brisé mais toujours d'une voix douce, je lui ai parlé de l'ange qui s'assiérait là où j'étais assise à ce moment-là. Je lui ai décrit l'ange le plus beau jamais vu. Je lui ai dit qu'il viendrait pour lui tenir compagnie, telle une lumière dans la nuit ; qu'il la protégerait, la guiderait et la tiendrait dans ses bras. Je lui ai demandé de ne pas avoir peur mais de faire confiance.

Des larmes coulaient sur mon visage tandis que ma mère, qui ne pouvait plus parler, serrait ma main en signe d'acceptation. J'ai baisé sa main en la remerciant d'être le lien entre le Ciel et la Terre que Dieu avait choisi de me donner. Puis, je suis partie.

Quelques heures plus tard, il était 17 heures et j'étais dans l'avion qui me ramenait chez moi. Je me suis soudain réveillée d'un petit somme et j'ai regardé par le hublot. Le ciel était d'un bleu étincelant ; il n'y avait qu'un seul nuage, jaune et orange, juste en face de moi. Il avait la forme de l'ange magnifique que j'avais imaginé pour ma mère, avec des ailes et tout ! Il tenait dans ses bras un autre nuage ayant la forme d'une personne, comme une mère tient son enfant endormi. De plus, sous ce deuxième nuage, il y en avait un autre qui formait comme un lit. Alors, j'ai su que ma mère était en sécurité et qu'elle était en route pour rentrer au Ciel.

Deux heures plus tard, je suis arrivée chez moi, certaine que le téléphone allait sonner. Et effectivement ! L'infirmière de l'hôpital m'a annoncé la nouvelle que je connaissais déjà. Ma mère s'en était allée à 17 heures ce jour-là. Elle est maintenant en sécurité ; elle ne connaît plus ni la peur, ni la maladie, ni la souffrance.

Durant notre dernière conversation, elle m'a demandé : « Quand vont-*ils* venir me chercher ? »

Je lui ai répondu : « Quand tu seras prête, ce sera le meilleur moment. » Alors, elle m'a promis de m'envoyer un arc-en-ciel si ce que je pensais s'avérait vrai. Et, croyez-le ou non, c'était il y a huit mois et depuis il n'y a pas eu un seul jour sans qu'un arc-en-ciel étincelant apporte de la couleur dans ma vie.

Les membres de la famille qui sont de l'autre côté

Les anges qui nous aident sont nombreux à être en réalité des êtres chers disparus. Soit ils nous sont assignés en permanence à titre de « guides spirituels », soit ils nous accompagnent temporairement durant les crises ou à la croisée des chemins de notre vie. Les réunions de famille, lorsque mes clients se rendent compte qu'un être cher disparu est toujours avec eux, sont l'une des joies de mes séances.

Doreen : Votre nature aimante et généreuse a attiré beaucoup d'êtres qui vivent de l'autre côté et qui sont prêts à vous aider. Vous avez avec vous deux femmes décédées que vous aimiez. L'une d'elles a l'air d'avoir les cheveux teints ; elle est de forte corpulence, a le visage rond et n'était pas vieille lorsqu'elle est morte, peut-être dans la soixantaine.

Cette femme a l'air de descendre d'une ethnie à la peau foncée.

Abby : Oh, ce serait ma grand-mère du côté paternel ! Effectivement, elle se teignait les cheveux. Elle avait un visage rond et était assez bien en chair. Vous la décrivez parfaitement.

Doreen : Oui, elle est avec vous.

Abby : Oh, c'est merveilleux ! Nous étions très proches lorsqu'elle était vivante et elle m'a tellement manqué après sa mort !

Doreen : Il y a aussi avec vous un homme qui semble être un grand-père. Il a l'air d'être habillé en col bleu. Il est grand et fort, et vient du côté de votre famille maternelle.

Abby : C'est peut-être mon grand-père, le père de ma mère ? Effectivement, je l'ai connu.

Doreen : Il est beau, avec des cheveux blancs, du genre de Bob Barker.

Abby : Oui ! Oh, j'en ai des frissons. Je ne me souvenais plus de lui, mais je suis tellement contente qu'il soit avec moi !

Doreen : Il est avec vous en ce moment même. Avez-vous perdu un petit chien brun ? Il y en a un qui tourne autour de vous.

Abby : Oui, c'est ma chienne, Figi, que j'ai perdue il y a deux mois ! Oh, elle est avec moi !

Doreen : Oui, elle est avec vous en ce moment même et vous sert d'ange.

ॐ ॐ ॐ

Abby était ravie de savoir que ses êtres et sa chienne préférés l'entouraient. Une fois qu'elle a compris qu'ils étaient ses anges, elle a commencé à tenir régulièrement des conversations mentales avec eux. Elle demande souvent à sa grand-mère et à son grand-père de l'aider, et elle raconte qu'elle est très reconnaissante de leur aide.

Des conversations qui guérissent depuis l'au-delà

Je trouve très intéressant le fait que les êtres chers disparus de mes clients envoient des messages pour essayer de rétablir ou d'améliorer leurs relations après leur mort. C'est l'une des façons dont nos disparus agissent à titre d'anges pour nous aider à nous soulager de la souffrance ou de la culpabilité. Vous verrez dans l'histoire suivante comment la sœur décédée de l'une de mes clientes est venue régler une question non résolue. Lorsque nous avons une conversation avec nos chers disparus, nous les aidons à apaiser leur âme tout en nous apportant la paix à nous-mêmes.

Doreen : Il y a avec vous une femme qui n'était pas très vieille lorsqu'elle est morte.

Ruth : Ce pourrait être ma sœur.

Doreen : Avait-elle les cheveux foncés ?

Ruth : Oui.

Doreen : Bon, alors c'est elle. Elle donne l'impression d'être une sœur. On dirait qu'elle était dans la cinquantaine quand elle est morte.

Ruth : Elle avait 52 ans.

Doreen : D'accord, alors c'est vraiment elle. Elle est en très bonne santé à présent, je peux vous l'assurer. Elle a le visage radieux et ne souffre aucunement. Elle s'excuse parce qu'elle a l'impression d'avoir quasiment vécu à vos crochets à la toute fin de sa vie.

Ruth : Oh, c'est tellement gentil de sa part, mais cela ne me gênait vraiment pas du tout de prendre soin d'elle.

Doreen : Eh bien, elle dit qu'elle a besoin de s'enlever ce poids qui l'oppresse depuis sa mort. Votre sœur dit qu'elle se sentait inutile et impuissante, et que vous savez qu'elle n'aurait jamais abusé de votre bonté à moins d'y être absolument obligée.

Ruth : S'il vous plaît, dites-lui que cela m'a fait plaisir d'être auprès d'elle durant les derniers mois de sa vie.

Doreen : Elle vous entend, Ruth, et elle hoche la tête en reconnaissance de vos paroles.

Ruth : Je t'aime, sœurette ! Je t'aimerai toujours.

ఊ ఊ ఊ

Par ailleurs, un message venu de l'autre côté a apaisé la culpabilité que ma cliente Karla ressentait depuis cinq ans.

Karla : Ma mère est morte il y a cinq ans. À l'époque, j'étais fortement dépendante de la drogue. Alors qu'elle était mourante, elle m'a demandé si j'en prenais encore et j'ai dit non. J'ai menti. Je me sens coupable depuis le jour où elle est morte à cause de ce mensonge. Je l'ai fait uniquement pour ne pas ajouter à ce que la maladie lui avait déjà fait endurer. Les questions que je me pose sont celles-ci : « Sait-elle que j'ai menti ? Si oui, me pardonne-t-elle ? » Je suis en voie de guérison à présent. Il y a quatre ans, huit mois et dix-huit jours que je ne touche plus à la drogue. Cependant, le mensonge que j'ai fait me dérange *beaucoup*.

Doreen : Je vous en prie, soyez en paix avec votre conscience, ma chère. Votre mère sait que vous lui avez dit cela par amour pour elle et que vous essayiez de lui épargner du stress et du chagrin supplémentaires. Elle ne vous juge en aucune manière, bien au contraire ! Elle vous bénit d'avoir cette nature aimante.

Peu de temps après son décès, elle vous a aidée à devenir sobre. Elle veille encore sur vous avec un amour inconditionnel, tout comme votre grand-mère et vos deux anges gardiens.

Des relations saines avec des êtres chers disparus

Nos relations avec ceux que nous aimons ne s'arrêtent pas avec leur mort ; elles changent simplement de forme. Étant psychothérapeute et médium clairvoyante, j'aide mes clients à entretenir de saines relations avec leurs êtres chers partis de l'autre côté. De telles relations sont dans l'intérêt des âmes qui se trouvent des deux côtés du voile de la mort.

Les survivants éprouvent des émotions embrouillées dans lesquelles il leur faut faire un tri à la suite du décès d'un être aimé. Celui qui survit ressent probablement de la tristesse, de la solitude et de la confusion. Du moins, ce sont là les sentiments que nous rencontrons généralement chez quelqu'un qui vient de perdre un ami ou un membre de sa famille. Cependant, ceux qui survivent ressentent parfois de la colère ou de la frustration à l'encontre de l'être cher disparu. Il est difficile de dépasser ces sentiments, car la plupart des survivants ne sont pas enclins à admettre qu'ils sont fâchés contre une personne décédée. Il ne semble pas « correct » d'éprouver du ressentiment à l'égard de quelqu'un qui s'en est allé.

Toutefois, admettre ces sentiments parfaitement normaux entre pour une part importante dans la guérison de l'âme à la suite d'une perte. Après tout, nos êtres chers disparus sont totalement conscients de notre manière de nous sentir à leur égard et de penser à eux. Nous ne pouvons rien cacher à quelqu'un qui est de l'autre côté ! Nous pouvons seulement nous cacher nos sentiments à nous-mêmes, mais c'est aux dépens de notre tranquillité d'esprit. Lorsque nous nions nos sentiments véritables, nous nous empêchons d'être heureux et nous bloquons le développement spirituel de ceux que nous aimions.

Par exemple, ma cliente Laura était très en colère contre son père parce qu'il n'avait pas bien pris soin de lui-même. Il était mort des suites d'une longue maladie et elle était furieuse après lui parce que son style de vie malsain, incluant la cigarette et la boisson, avait contribué à le faire mourir. En même temps, Laura se sentait coupable d'être en colère contre son père et elle avait l'impression de lui « avoir manqué de respect après sa mort ».

Durant notre première séance, le père de Laura a traversé depuis l'autre côté et a demandé à sa fille de bien vouloir lui pardonner. Il a expliqué que son grand souci pour le bien-être émotionnel de Laura l'empêchait de s'éloigner du monde des vivants. Il arrive très fréquemment que, lorsque nous sommes particulièrement bouleversés par la mort d'une personne chère, celle-ci reste auprès de nous pour s'assurer que nous allons bien. Cependant, à moins qu'elle ait été assignée pour être notre guide spirituel, passer autant de temps avec nous contrarie sa propre progression. Le père de Laura voulait continuer son chemin vers le monde de l'esprit afin de pouvoir participer à des activités qui l'aideraient à se développer ; or, il désirait auparavant que Laura lui permette de la quitter.

Une autre cliente, Maryann, gardait une profonde rancune à l'égard de son père décédé pour les mauvais traitements qu'il lui avait infligés durant son enfance. Pendant notre séance, le père de Maryann a traversé depuis l'au-delà et lui a exprimé son profond regret de lui avoir fait du mal. Il lui a également demandé pardon.

Tandis que Maryann sanglotait de chagrin en raison des violences qu'elle avait vécues dans l'enfance et de la mort de son père, son grand-père paternel est soudain apparu. Il lui a expliqué qu'il était en grande partie responsable des mauvais traitements qu'elle avait subis enfant, car lui-même avait brutalement battu son fils lorsque celui-ci était petit. Au fil du temps, cette violence vécue en bas âge avait poussé le père de Maryann à devenir un bourreau d'enfants. Le grand-père suppliait Maryann de leur pardonner à tous les deux. Il lui a expliqué que, ce faisant, elle se libérerait de sa colère et de son ressentiment.

Laura et Maryann désiraient toutes les deux pardonner à leurs pères décédés. Toutefois, désirer pardonner et pardonner de bonne foi étant deux processus distincts, mes deux clientes ont eu plusieurs séances de conseil avec moi avant d'être prêtes à totalement laisser aller leur colère et leur ressentiment.

Laura a fini par reconnaître que son père avait adopté un style de vie malsain pour être en mesure de faire face à une carrière sans satisfaction. Elle a pu éprouver de la compassion pour cet homme coincé dans une profession qu'il n'aimait pas, et son état d'esprit l'a aidée à se libérer du refus de pardonner qu'elle éprouvait à son égard. Mon autre cliente, Maryann, a pardonné à son père et à son grand-père après m'avoir dit : « Je pardonnerai à papa et à grand-père, mais je condamnerai toujours leurs actes. » C'est une façon de laisser aller la vieille colère. Après tout, le plus important, c'est de pardonner à la personne.

Nous nous faisons le plus grand bien et nous réconfortons nos êtres chers disparus lorsque nous admettons ouvertement toutes nos émotions en rapport avec la souffrance et que nous en venons à bout. Écrire une lettre très honnête à un disparu est une méthode très efficace. Tandis que vous écrivez, ne déguisez ni ne censurez vos sentiments en aucune façon. Souvenez-vous que l'être disparu sait déjà tout ce que vous ressentez à son égard ; il ne vous juge pas d'avoir un sentiment hostile et il désire simplement que vous éprouviez la paix de l'esprit et le bonheur qu'engendrent l'honnêteté à l'égard de soi-même et le pardon.

Vos relations avec vos êtres chers partis de l'autre côté peuvent être des plus satisfaisantes. Mes clients sont nombreux à me dire que les relations qu'ils entretiennent avec leurs êtres chers après la mort sont encore plus intimes et honnêtes que celles qu'ils entretenaient ici-bas. La mort n'implique pas un terme à l'amour que vous avez partagé. Rappelez-vous que l'amour ne meurt jamais !

꙳ ꙳ ꙳

Voici une prière pour vous aider à apaiser votre souffrance et à ressentir le réconfort que vos chers disparus et Dieu veulent pour vous. Adaptez-la pour qu'elle vienne de votre cœur et qu'elle corresponde à votre situation.

PRIÈRE ANGÉLIQUE POUR ATTÉNUER LE CHAGRIN

Cher Dieu,
Je sais que mon être cher disparu est retourné au Ciel auprès de Toi. Je Te demande de veiller sur lui afin que

Ton amour l'élève. J'en T'en prie, envoie-lui d'autres anges et aide-le à se sentir merveilleusement bien et heureux en s'adaptant à la vie au Ciel. S'il Te plaît, envoie aussi d'autres anges auprès de moi et aide-moi à laisser aller ma tristesse et mon chagrin. Aide-moi à me délester du poids que j'éprouve afin que je puisse revenir à la vie que mon être cher désire pour moi. Je T'en prie, envoie-moi un signe depuis le Ciel pour que je sache que mon être cher est entre Tes mains. Amen.

CHAPITRE HUIT

Comment les anges nous assistent dans le monde matériel

On me demande souvent si l'on peut solliciter l'aide des anges pour régler des problèmes matériels : « Est-ce que ça va si je leur demande une grande place de stationnement ? », « Est-ce que je fais perdre leur temps aux anges si je leur demande de m'aider pour quelque chose que je pourrais facilement faire moi-même ? » ou « Dieu sera peut-être offensé si je Lui demande des choses matérielles ou banales. » Voilà certaines des préoccupations que j'entends communément et qui expriment les peurs nous empêchant de demander de l'aide.

Les anges me répètent souvent : « *Le sujet n'a pas d'importance.* » Dieu et les anges ne fonctionnent pas « par triage » comme les médecins, qui doivent évaluer quelle personne présente les besoins les plus urgents. En premier lieu, Dieu et les anges n'étant pas contraints par le temps et l'espace, ils peuvent aider tout le monde en même temps.

De plus, c'est le désir de Dieu que les anges nous aident à accomplir la finalité de notre moi supérieur. Or, Dieu et les anges savent que, si notre esprit et notre calendrier sont accaparés par les soucis, les préoccupations et les peurs, nous n'aurons pas le temps ou l'énergie d'y parvenir. Les anges ne sont pas là pour nous aider à obtenir le mode de vie des riches et des célébrités ; ils veulent simplement nous soulager l'esprit pour que nous soyons libres.

Les anges savent que les choses matérielles nous font souvent perdre notre temps. C'est ce que j'appelle la « tactique du retard », en référence à toute activité détournant notre attention de l'accomplissement de notre finalité.

Alors, ils font « une descente » pour nous libérer de notre surcroît de préoccupations concernant les situations et les choses matérielles. Je vous en prie, ne vous méprenez pas. Ils ne nous sauvent pas de notre irresponsabilité. Si c'était le cas, nous ne grandirions pas et n'apprendrions pas. Ce que Dieu et les anges veulent que nous sachions, c'est ceci : « *Si vous avez besoin d'une quelconque chose, n'hésitez pas à faire appel à notre aide. Remettez-nous toute situation causant votre détresse ou vous faisant perdre la paix de l'esprit. Nous promettons de vous réconforter et d'influer sur le monde matériel afin de vous soutenir dans votre milieu actuel. Remettez-vous-en à nous pour vous conduire chez vous.* » Par « chez vous » ils entendent le « paradis sur terre », état naturel dans lequel tous nos besoins matériels sont comblés par l'ordre divin, tandis que nous nous consacrons à mettre nos talents et nos intérêts naturels au service du monde.

Dégagez la route

Lorsque vous travaillez avec les anges, l'une des premières « tâches » qu'ils peuvent vous assigner est de débarrasser votre maison, votre bureau ou votre voiture de ce qui l'encombre. Les anges disent que nos biens nous alourdissent et que nous nous consacrons en grande partie à les acquérir puis à les protéger.

Si vous avez récemment senti qu'il est temps de donner ou de mettre au rebut le fouillis dont vous ne vous servez pas, considérez ce paragraphe comme la confirmation de cette impression. D'un point de vue énergétique, vous aurez l'impression que vos milieux de vie et de travail, débarrassés des objets superflus, sont beaucoup plus propres, ce qui vous permettra d'être beaucoup plus efficace.

Il existe une règle pratique qui est de se défaire de tout ce que l'on n'a pas utilisé depuis deux ans. La plupart des refuges accueillant des personnes victimes de violence familiale ou sans abri seraient heureux de recevoir les objets dont vous ne voulez plus. Programmez un samedi après-midi de grand nettoyage et vous vous sentirez en excellente forme.

En donnant des objets, vous invoquez automatiquement la loi spirituelle selon laquelle qui donne reçoit. En d'autres mots, de nouveaux objets viendront à vous et il vous appartiendra de juger si vous remplacez votre ancien désordre par un nouveau. Il est une idée merveilleuse qui consiste à entretenir la circulation en donnant quelque chose chaque jour.

L'énergie de vos biens

Une fois que vous vous serez débarrassé des objets dont vous ne vous servez plus, vous vous sentirez beaucoup plus léger et mieux organisé. Ensuite, les anges vous aideront à purifier l'énergie de la pièce selon un procédé connu comme la « purification », ce qui est logique.

Les photographies Kirlian montrent que les pensées des humains ont une influence sur les objets matériels. Sur une série de photos, on voit une pièce de monnaie, tenue par la même personne, alors que celle-ci éprouve des émotions différentes d'une image à l'autre. La pièce avait été photographiée après que la personne a eu des pensées de colère, puis des pensées aimantes et ensuite des pensées de peur. Chaque photo montre un changement significatif de taille, de forme et de couleur de l' « aura » ou du champ énergétique entourant la pièce.

Les photographies Kirlian sont controversées et les scientifiques n'arrivent pas à s'entendre sur « ce que » la caméra saisit exactement. Néanmoins, c'est un fait : les photos dont il est fait mention présentent les importantes modifications subies par la pièce en fonction des pensées de la personne tenant cette dernière.

Les objets ont une réelle tendance à retenir l'empreinte des pensées et des sentiments dominants de leur propriétaire. C'est l'une des raisons pour lesquelles je n'achète jamais dans un magasin où l'on fait une vente après saisie. Je sais que les objets retiennent l'énergie de la souffrance émotionnelle et des croyances du propriétaire du magasin à l'égard des finances de son entreprise. Je préfère payer le plein prix pour un article conservant l'optimisme d'un propriétaire de magasin prospère.

La psychomé trie

Lorsque j'enseigne comment faire les lectures angé - liques, je commence souvent en faisant mettre ensemble et s'asseoir face à face deux membres du public. Je demande ensuite aux partenaires d'é changer des objets mé talliques tels qu'une bague ou une montre. En tenant un objet de mé tal appartenant à une personne, on reç oit plus facile- ment les impressions et les messages des anges gardiens de cette personne. On appelle cette mé thode la « psychomé - trie ».

Vous pouvez l'essayer vous-mê me en tenant les clé s, la montre ou la bague de quelqu'un dans la main avec laquel- le vous n'é crivez pas normalement. C'est votre main « rece- veuse » car elle absorbe l'é nergie. Celle avec laquelle vous é crivez est la main « donneuse » qui é met de l'é nergie. Alors, en tenant l'objet dans votre main receveuse, fermez les yeux et prenez quelques grandes inspirations. Ayez l'in- tention de parler à vos anges gardiens ainsi qu'à ceux de l'autre personne. Posez n'importe quelle question à ces anges, par exemple « Que voudriez-vous que je sache de (nommez la personne) ? » ou « Quel message voudriez- vous que je transmette à (indiquez son nom) ? » ou bien posez-leur une question plus pré cise.

Ensuite, inspirez profondé ment et remarquez toute impression qui vous vient : une sensation, une image mentale, une pensé e ou des mots. Si l'autre personne est avec vous, commencez à lui dire vos impressions. En parlant vous recevrez d'autres messages. C'est une mé thode de base pour donner une lecture angé lique, une mé thode que la plupart des gens peuvent appliquer avec succè s dè s la premiè re ou la deuxiè me fois.

Purifiez votre espace

Tout comme les objets, les environnements dans lesquels nous vivons, travaillons et nous déplaçons en disent long. Les murs, les sols et le mobilier retiennent l'énergie de notre état d'esprit dominant. Aussi, si vous (ou les membres de votre famille) êtes habituellement dans de paisibles dispositions, votre maison en sera le reflet et, comme dans un sanctuaire, toute personne y pénétrant le remarquera et l'appréciera.

En revanche, si vous (ou les gens vivant avec vous) avez eu des discussions ou des soucis, l'énergie de la maison retiendra les échos de ces problèmes. De même qu'ils s'imprègnent de l'odeur de la fumée, les meubles, les murs et les tapis absorbent le stress psychique des habitants.

Votre maison, votre bureau ou votre véhicule peut donc retenir l'empreinte énergétique de toutes les personnes y ayant passé un moment. Par exemple, votre maison peut avoir absorbé l'énergie négative des gens qui y vivaient avant vous. Heureusement, vous pouvez purifier vos milieux de vie et votre voiture, et les anges vous y aideront.

Voici quelques moyens pour purifier un endroit, qu'il s'agisse d'une maison, d'une voiture, d'un magasin ou d'un bureau :

1. Peindre les murs.

2. Remplacer les moquettes.

3. Shampouiner la moquette.

4. Faire brûler de la sauge (en vente sous forme d'encens ou en bâtons dans toute librairie métaphysique). Tenir l'encens ou le bâton de sauge en tournant autour de l'endroit afin de répartir la fumée partout.

5. Disposer un bol peu profond rempli d'eau salée ou d'alcool à friction au centre de chaque pièce que l'on désire purifier.

6. Placer un cristal de quartz transparent au centre de chaque pièce que l'on désire purifier. S'assurer que le cristal est tout d'abord purifié de son ancienne énergie en le plaçant en plein soleil ou au clair de lune pendant au moins quatre heures.

7. Demander à l'archange Michael et à ses aides, connus comme ses anges de miséricorde, d'entrer dans son environnement et d'en faire le tour. Michael et ses anges guideront toutes les énergies négatives loin de la maison, du bureau, du magasin ou du véhicule.

Se trouver une maison

Si vous désirez une nouvelle maison, les anges peuvent vous aider à trouver le lieu idéal pour vivre. De plus, ils ouvriront les portes afin d'aplanir le chemin pour que vous ayez largement les moyens de déménager. Une chose que les anges m'ont enseignée, c'est d'apprendre à laisser aller les doutes humains du genre « Eh bien, ce n'est simplement pas possible parce que ce n'est pas logique. » Les anges s'élèvent au-dessus de la logique humaine à une hauteur où tout est possible.

Un couple de Virginie, Martha et Stan, a découvert les miracles qui sont possibles lorsqu'on se libère du doute.

Martha et Stan étaient mariés depuis dix ans et désiraient de tout leur cœur posséder une maison. Très croyante, Martha priait chaque soir et demandait à Dieu et à Jésus de les aider, son mari et elle, à trouver une maison remplie d'amour et d'un prix abordable. Une nuit, elle a fait un rêve dans lequel elle se voyait clairement visiter une vieille maison au charme désuet : des rideaux de dentelle, des planchers de bois et, dans la salle de bains de l'étage, un magnifique lavabo de céramique peint de roses dorées. Martha se souvient que dans son rêve elle se sentait tout à fait chez elle dans cette maison et qu'elle désirait y vivre.

Ce rêve était si beau et si vif que Martha l'a raconté en détail à Stan le lendemain matin. Tous deux l'ont pris comme un signe qu'il était temps de se mettre en quête de leur maison. Ils ont donc joint un agent immobilier et commencé à chercher. Au bout de deux semaines, comme ils visitaient tous les trois une maison, Martha a pris une inspiration et murmuré distinctement à Stan : « Je pense que c'est la maison de mon rêve ! » Sans se l'expliquer, elle se sentait totalement en pays de connaissance et Stan en avait la chair de poule.

En entrant dans la salle de bains de l'étage, ils ont aperçu le détail qui était ressorti si vivement du rêve de Martha : les roses dorées peintes sur le lavabo de céramique. « C'est cela ! » se sont-ils exclamés, puis ils ont demandé à l'agent de proposer en leur nom un prix pour cette maison.

Le propriétaire a volontiers accepté leur offre et ils ont rempli avec enthousiasme la demande de prêt résidentiel. Cependant, le jour suivant cette démarche, Stan était licencié. Martha ne travaillant pas, le couple a tout d'abord été découragé. « Comment pouvons-nous nous qualifier pour un prêt sans source de revenu ? » se demandaient-ils. C'est alors qu'ils ont prié pour obtenir de l'aide et qu'ils ont remis toute l'affaire à Dieu en disant : « Si c'est Ta volonté, nous aurons cette maison. »

Dans les deux jours, Stan était embauché comme vendeur rémunéré à la commission. Le couple en a immédiatement informé l'agente des prêts bancaires, qui s'est exclamée gravement : « Eh bien, Stan n'ayant aucune expérience de la vente, je doute que le prêt vous soit accordé. Je n'ai jamais vu une institution approuver un prêt à moins d'avoir une confirmation d'une source de revenu régulière. »

L'agente de la banque se plaçait sur un plan humain et n'avait probablement pas conscience de l'influence de la prière sur des situations telles que l'achat d'une résidence. Elle était abasourdie lorsqu'elle a appelé Martha et Stan le lendemain. « Je n'y crois pas, leur a-t-elle dit, votre prêt a été approuvé ! » Les tourtereaux se sont embrassés et ont déménagé tout heureux dans la maison au lavabo décoré de roses dorées.

Depuis le temps que je m'entretiens de l'intervention du divin avec des gens, ce genre d'histoire est devenu presque un lieu commun dans mes dossiers. J'ai parlé à des dizaines, peut-être des centaines de personnes ayant demandé activement une aide spirituelle pour vendre leur maison, en louer une nouvelle, obtenir un prêt, avoir les moyens de payer un loyer ou une hypothèque, et déménager. Leurs récits concordent : si vous demandez de l'aide aux anges, vous en recevrez par des moyens miraculeux.

Faire ses achats avec les anges

C'est une grande joie pour les anges d'intervenir dans notre monde matériel. Nous n'avons pas à être timides pour demander leur assistance ou à nous soucier de savoir si notre demande est trop banale ou sans importance. Nous devons nous rappeler que les anges sont là pour aplanir le terrain afin que nous soyons libres de briller de la lumière resplendissante de Dieu. Nous savons tous que nous brillons davantage les jours où les choses abondent dans notre sens. Nous sommes plus grands, nous avons un plus beau sourire et nous sommes plus optimistes lorsque la chance est avec nous. Ces jours-là, nous poussons également les autres à atteindre leurs propres étoiles. Alors, n'hésitons pas à demander au Ciel de nous aider à vivre plus souvent ce genre de journées !

Les anges adorent nous ouvrir des portes. Nous pouvons demander leurs conseils pour obtenir ce dont nous avons besoin, puis « écouter » ceux qui viennent toujours après une demande d'aide. Ces conseils peuvent s'exprimer par une pensée, une vision, une impression ou une voix.

Une décoratrice d'intérieur m'a raconté comment les anges l'avaient aidée à trouver un article qu'une cliente voulait pour sa maison :

> L'une de mes clientes avait besoin d'accessoires pour terminer la décoration d'une chambre à coucher récemment aménagée. Je cherchais depuis quatre mois une lampe en albâtre ; c'était l'une des choses qu'elle désirait le plus. En entrant dans un magasin d'antiquités, j'ai fait appel aux anges pour qu'ils me conduisent précisément à ce dont j'avais besoin pour ma cliente. Quelques instants après, je trouvais non pas une mais deux lampes en albâtre ainsi que d'autres accessoires dont ma cliente avait besoin. Faire mes achats avec les anges a été facile, amusant et n'a pris que très peu de temps.

Gail Wiggs, une femme de ma connaissance, a vécu une expérience semblable. Chaque printemps et chaque automne, elle se rend à un salon de métiers d'art à Phœnix. Elle se réjouit d'acheter les tee-shirts au thème du salon car ils sont toujours décorés d'une magnifique sérigraphie originale sur le devant. À l'automne, elle en achète un à manches longues. Ces tee-shirts ont toutefois beaucoup de succès et se vendent très rapidement. Aussi Gail ne manque-t-elle pas d'y aller tôt pour être sûre d'en trouver un. L'automne passé, cependant, son agenda chargé ne lui permettait de se rendre au salon que très tard. Elle a donc demandé à ses anges de s'assurer de lui mettre de côté un tee-shirt à manches longues.

C'était l'après-midi lorsque Gail a pris la navette pour le salon. L'autobus s'est arrêté à une entrée inconnue et le conducteur a annoncé que c'était le dernier arrêt. Gail a pénétré au salon par cette entrée qui n'était pas celle qu'elle emprunte d'habitude, mais à peine se trouvait-elle à l'intérieur qu'un kiosque d'information arborait en face d'elle les tee-shirts à thème.

Il en restait un à manches longues, un grand qu'elle a promptement acheté. En parcourant le salon, elle a vérifié dans tous les autres kiosques et rapidement découvert qu'il ne restait plus d'autres tee-shirts à manches longues. Gail a remercié ses anges puis, les deux mois suivants, elle a commencé à recevoir de puissants messages disant qu'elle était censée lancer une entreprise de tee-shirts ayant pour motifs des anges. C'est ce qu'elle fait actuellement, remplie de joie d'être en mesure de commercialiser des articles lui ayant apporté autant de plaisir dans le passé.

Attention à ce que vous demandez !

Mon mari, Michael, et moi étions à l'aéroport et nous dirigions vers la zone de livraison des bagages pour récupérer nos quatre grosses valises, pleines de matériel destiné à mon atelier de fin de semaine. C'était un vendredi soir, il était tard et nous avions hâte de souper.

J'ai dit à Michael : « Demandons à Raphaël, archange des guérisseurs et des voyageurs, de sortir nos bagages immédiatement de l'avion. » Ensuite, j'ai hésité car je connaissais l'importance de faire attention à ce qu'on demande. Si vous vous apprêtez à préciser aux anges ce que vous voulez, il vaut mieux vous assurer de remplir avec soin tous les blancs de votre demande. Alors, j'ai révisé ma requête à Raphaël et me suis adressée à lui en ces termes : « Je ne veux pas dire de trouver si vite nos bagages qu'ils tombent sur la piste. Fais-les simplement arriver immé diatement sur le carrousel, s'il te plaî t. »

Je pensais couvrir ainsi tous mes arriè res, mais les anges m'ont montré comment ils prennent nos demandes au pied de la lettre. Je m'é loignais du carrousel pour louer un gros chariot lorsque j'ai entendu la voix de Michael m'appeler à l'aide. Je me suis retournée et j'ai vu que nos quatre valises é taient tombé es en mê me temps de la chute à bagages. Malheureusement, Michael ne pouvait pas les attraper toutes d'un coup. Alors, nous avons attendu, tandis que nos bagages faisaient tout le tour du grand carrousel de l'aé roport international. Nous avons eu tous les deux la mê me pensé e : « La prochaine fois, nous ferons plus attention à ce que nous demanderons ! »

Les anges ré parent les engins mé caniques

J'ai eu l'habitude de voir ma mè re prier chaque fois que la voiture familiale tombait en panne. De faç on surprenante, le moteur redé marrait toujours aprè s ses priè res-affirmations. Depuis lors, je demande l'intervention divine pour la ré paration d'engins mé caniques ou é lectroniques.

L'archange Michael, en particulier, est merveilleux pour ré parer les té lé copieurs, les machines à laver et les autres engins mé caniques en panne. J'ai fait appel à lui lors de pannes alé atoires sur mon ordinateur et le problè me a é té ré solu immé diatement.

Une conseillè re spirituelle, Johanna Wandenberg, a obtenu un ré sultat tout aussi heureux lorsqu'elle a demandé à Michael de l'aider à ré soudre un problè me de plomberie.

La mère de mon filleul, extrêmement occupée par de nombreux travaux ménagers, m'avait demandé de changer son filtre à eau. Seule dans son appartement, j'ai tenté de m'acquitter de cette tâche. Cela avait l'air tellement simple : un filtre en dôme de table-évier dont il suffisait de dévisser le fond pour remplacer la cartouche par une neuve puis de le remettre. Je n'ai cependant pas réussi à le démonter car il était coincé !

Au bout de trois quarts d'heure, j'ai finalement réussi à le dévisser, j'ai changé la cartouche et revissé le fond. Ensuite, j'ai ouvert l'eau, qui est supposée s'écouler pendant 15 minutes avant de pouvoir être utilisée. Mais toute l'eau s'est mise à déborder du fond du filtre ! J'ai à nouveau dévissé le fond et je l'ai remis en place ; l'eau s'écoulant encore et encore, j'ai fini par jurer. La famille allait bientôt rentrer et je me sentais obligée de réparer l'appareil avant son retour.

La situation était désespérée, lorsque j'ai soudain élevé les mains et hurlé : « Saint Michael et Saint Raphaël, je vous en prie, aidez-moi à placer ce filtre à eau ! » J'ai enlevé le fond, l'ai replacé, ai tourné le robinet et cela a marché à merveille ! » Tout était réglé en une minute et demie ! Plus tard, j'ai reçu un appel de la mère de mon filleul. Elle m'a remerciée abondamment, a dit que l'eau filtrée sortait dix fois plus fort que d'habitude et voulait savoir comment j'avais fait.

J'allais jeter l'appareil par la fenêtre tellement j'étais frustrée d'essayer d'arranger ce filtre depuis près d'une heure et demie. Pourtant, les anges m'ont aidée si facilement, si vite et de si belle manière ! Du coup, cette famille disposerait d'eau pure.

Faire appel aux archanges est donc un moyen très efficace de se sortir du pétrin lorsqu'on a des difficultés avec des objets matériels. D'autres personnes telle Sharon, une psychothérapeute de ma connaissance, font appel à leurs anges gardiens chaque fois qu'elles ont besoin d'assistance. Aucun appel à l'aide ne reste sans réponse et vous ne pouvez pas obtenir un « mauvais numéro » lorsque vous lancez un appel à l'aide vers le Ciel. L'ange gardien de Sharon l'a récemment aidée à « réparer » son véhicule.

Le radiateur de ma Jeep ne marchait plus. En route pour le travail le lundi matin, j'ai senti la forte présence d'un ange sur le siège du passager. Je lui ai demandé son nom et j'ai entendu une voix intérieure dire : « *Angela* ».

Plusieurs mois auparavant, j'avais prié les anges de protéger ma maison et ma Jeep. Angela m'a semblé être l'ange qui avait gardé ma Jeep depuis ma première demande de protection angélique. Je lui ai demandé de joindre l'ange réparateur de radiateurs parce que le mien ne marchait plus depuis près de deux semaines. J'ai eu l'impression viscérale qu'Angela avait dit qu'elle le ferait. Le soir suivant, mon radiateur se remettait en marche !

CHAPITRE NEUF

Les anges nous apportent la sécurité spirituelle

En vérité, le monde est un endroit où vivre en toute sécurité. Cependant, il a l'air d'être dangereux à cause des formes-pensées de peur qui agissent comme les reflets de tout souci ou de toute appréhension présent dans nos esprits. En raison de nos pensées parfois déformantes, les anges contribuent à notre sécurité et à notre protection.

Les anges protecteurs

Dieu et les anges s'assurent que nous (ainsi que tout ce que nous possédons) sommes en sécurité et protégés. Évidemment, là encore, c'est à nous de demander leur aide puis d'écouter et de suivre les conseils que nous recevons.

Mon amie Mary Ellen a découvert cette règle dans une situation dramatique et presque tragique.

Elle et son amie Nancy, deux Américaines dans la vingtaine qui étudiaient au niveau collégial, étaient en vacances en Allemagne. Leur budget étant très serré, elles se déplaçaient en auto-stop dans le pays, ce qui était une norme culturelle à l'époque. Deux camions de l'armée américaine se sont arrêtés pour prendre les deux femmes et chacune est montée dans un camion. Je laisse Mary Ellen raconter elle-même le reste de l'histoire :

Le conducteur du camion dans lequel je me trouvais avait des intentions plutôt contraires à l'éthique. Il a commencé à m'agresser. J'ai vite pensé à prier pour qu'on m'aide à contrer ses avances. J'ai affirmé à ce jeune militaire de New York que je n'étais pas ce genre de femme, mais il a répondu qu'il n'en avait rien à faire. À ce moment-là, j'ai entendu la voix d'un homme invisible dire de manière très audible à mon oreille gauche : « *Dis-lui que tu vas le raconter.* »

J'ai pensé que cette tactique ne marcherait pas. J'ai dit : « Qu'en penseriez-vous si votre sœur venait en Europe et qu'elle faisait l'amour avec un étranger ? » J'imaginais qu'il penserait qu'elle ne le ferait pas et que moi non plus.

La voix de l'homme invisible a répété à mon oreille gauche : « *Dis-lui que tu vas le raconter.* » J'ai pensé que ce serait fou de dire une chose pareille et que cela ne pourrait pas décourager un agresseur.

Ce que je trouve amusant à présent, c'est de n'avoir jamais trouvé bizarre d'entendre cette voix. Peut-être que si j'avais dit « Vous entendez cette petite voix ? » le militaire m'aurait prise pour une folle et laissée tranquille !

Alors, je l'ai menacé : « Si vous ne me laissez pas, je vous donne un coup de couteau. » Cela avait l'air dur, mais j'avais apporté un couteau pour mon pique-nique « pain et fromage ». « Ça ne me dérangera pas » a-t-il répondu, puis il a relevé les manches de sa chemise et montré de haut en bas les marques de couteau qu'il avait récoltées dans des combats de rue à New York.

J'étais très désemparée.

La voix masculine a crié à mon oreille gauche : « Dis-LUI QUE TU VAS LE RACONTER ! » J'ai pensé : *Tu parles ! Un couteau ne lui fait pas peur ; alors, pourquoi ces paroles marcheraient-elles ?*

Mais je ne perdais rien en le faisant. Alors, j'ai dit : « Je vais le raconter. »

Eh bien, le gars a fait un bond loin de moi. J'étais ébahie. Il s'est exclamé : « Tu ne ferais pas ça ! »

Et moi je pensais : *Je suis dans un pays dont je ne parle pas la langue et je ne peux faire appel ou parler à personne.* Je ne savais même pas où nous étions.

Alors, j'ai répété : « Je vais le raconter. »

Il a démarré le camion et m'a conduite en silence au dépôt où se trouvaient l'autre camionneur et Nancy. Mon amie, qui s'inquiétait à mon sujet, a été heureuse de me voir arriver. Je ne lui ai jamais parlé de la voix, mais je sais que j'ai été sauvée par Dieu, les anges et les prières que j'ai faites pour être protégée.

Il m'est arrivé une expérience de ce genre qui s'est également bien terminée. Je m'entraînais sur une terrasse sur laquelle il y avait un tapis roulant. À peu près à la moitié de ma séance, j'ai remarqué un homme assis dans une voiture de l'autre côté de la rue. Il semblait me regarder fixement et j'ai eu la sinistre impression d'être sa proie.

J'ai tout d'abord essayé de ne pas lui prêter attention et de rationaliser la situation. Après tout, pourquoi m'aurait-on regardée ? Je portais une tenue très classique : sweat-shirt difforme, ample pantalon en molleton et pas de maquillage. Pourtant, mon intuition me disait que cet homme me regardait avec des intentions malhonnêtes.

Une alternative s'offrait à moi : je pouvais arrêter de m'entraîner et m'en aller ou bien tenter une approche spirituelle. J'ai choisi la dernière solution. J'avais l'intention de m'adresser mentalement aux anges gardiens de cet homme. Je leur ai dit qu'il m'effrayait et les ai priés de lui demander de s'en aller. J'ai ressenti une impression de paix et, environ trois minutes après, j'ai entendu son moteur démarrer. Pleine de gratitude, j'ai regardé la voiture s'éloigner.

Une semaine plus tard, une femme s'est approchée de moi et m'a dit qu'elle avait remarqué que cet homme m'avait regardé à trois reprises. Ce comportement l'avait alertée et elle avait noté le numéro de plaque d'immatriculation de la voiture de l'homme à l'allure louche. Elle m'a alors donné ce numéro. Toutefois, depuis le jour où j'ai eu cette conversation avec les anges de mon éventuel agresseur, je n'ai jamais revu ce dernier !

Protection sur la route

Les anges nous protègent de bien des manières. Parfois, la personne qui conduit lentement devant nous est un ange déguisé. Une femme que j'appellerai Rebecca m'a raconté cette histoire à propos d'un tel ange :

> Un jour, un type sortant d'un stationnement a surgi devant moi alors que je roulais dans une petite ville où je travaillais dans le passé. Il conduisait un peu moins vite que moi. Alors que nous approchions d'une intersection,

une voiture est arrivée en trombe et a grillé un feu rouge (c'était encore vert pour nous). Si ce type ne m'avait pas ralentie en sortant de son stationnement, je me serais trouvée au milieu de l'intersection lorsque l'autre a brûlé le feu rouge et je ne pense pas que je serais ici aujourd'hui !

Le Ciel nous protège également de manières qui défient les lois terrestres. Par exemple, s'il ne vous reste plus beaucoup de carburant, vos anges s'assureront que vous arriverez sain et sauf à destination ou bien ils vous aideront à atteindre une station-service même si vous êtes à court d'essence, ou encore ils enverront vite quelqu'un pour vous aider si vous en manquez.

Miriam, une femme d'un certain âge avec qui je me suis entretenue, m'a raconté qu'un après-midi elle était coincée au bord d'une route déserte avec un pneu à plat. Ne sachant pas trop comment changer une roue, elle a prié pour recevoir de l'aide. Quelques instants après, un homme et une femme s'approchaient d'elle et lui offraient de l'aider. Tandis qu'ils changeaient sa roue, Miriam a réalisé qu'ils n'avaient pas de voiture, qu'il n'y avait pas de maison d'où ils auraient pu sortir et qu'ils étaient simplement « apparus ». Après avoir remplacé la roue, le couple a disparu aussi mystérieusement qu'il était venu. Étant psychologue, je savais que Miriam était une adulte lucide et intelligente, qu'elle n'avait pas eu d'hallucination ou qu'elle n'exagérait pas en me racontant cette histoire.

Lorsqu'ils jouent aux superhéros, les anges sont également capables d'influencer la matière physique afin d'éviter des accidents. Karen Noe, une conseillère spirituelle du New Jersey, raconte une expérience qui en fait foi :

Mon fils de huit ans, Timmy, et moi étions dans le parc de stationnement d'un supermarché situé sur une colline extrêmement pentue au bas de laquelle passe une route à quatre voies. Nous nous dirigions vers ma voiture lorsque j'ai vu un chariot dévaler la pente à toute vitesse, fonçant sur cette route à grand trafic. S'il avait continué à cette allure, il serait arrivé sur la route et aurait certainement provoqué un accident !

En le voyant dévaler la colline, j'ai immédiatement imploré Dieu : « Mon Dieu, s'il Te plaît, arrête ce chariot ... sur-le-champ ! » Le chariot s'est aussitôt arrêté, *en plein milieu de la colline, sur une pente !* Il n'y avait personne dans cette partie du stationnement ! Puis un homme sorti de nulle part a poussé le chariot dans l'autre direction derrière un butoir de manière à ce qu'il ne puisse plus rouler. Tandis que je tournais la tête pour dire à mon fils de regarder ce qui se passait, l'« homme » a littéralement disparu !

Mon fils a tellement l'habitude de me voir faire appel aux anges pour tout qu'il a simplement dit « Encore un ange », comme s'il voyait ce genre de chose tous les jours (ce qui est le cas).

La demande d'aide de Karen, associée à sa foi inébranlable et à celle de son fils, a permis ce miracle. Tout ce que nous avons besoin de faire, c'est de demander en ayant un soupçon de foi, même si cette foi est passagère. J'insiste à nouveau : lorsque les gens vivent des pertes tragiques, cela ne signifie pas qu'ils sont abandonnés de Dieu ou des anges. Il y a bien des raisons aux pertes que nous subissons. Entre autres, peut-être l'heure est-elle venue pour une personne de s'en aller. Cependant, je persiste à croire que, quand nous demandons de l'aide céleste et que nous sommes à l'écoute lorsque nous en avons, les anges nous aident à échapper à un danger ou à en amoindrir considérablement les effets.

La lumière blanche

Une merveilleuse façon de garantir la sécurité et la stabilité de sa maison et de ses biens est de les entourer de « lumière blanche ». La lumière blanche est une énergie angélique dotée d'une force et d'une intelligence vitales qui lui sont propres. Lorsque vous vous entourez de lumière blanche ou que vous en entourez vos biens, vous mettez en place un bouclier de protection garantie.

Aussi, si une personne animée de l'intention de vous nuire s'approche de vous lorsque vous êtes entouré de lumière blanche, elle ne pourra pas vous faire de mal et sera obligée de vous laisser tranquille sans comprendre ce qui l'aura fait reculer. Il en va de même pour les biens entourés de lumière blanche. Dans certains cas, la personne ne *vous verra* même pas, pas plus qu'elle ne verra vos biens. C'est comme si la lumière blanche rendait les choses invisibles aux gens mal intentionnés.

Il est facile de vous entourer de lumière blanche et d'en entourer vos êtres chers et vos objets. Fermez simplement les yeux et visualisez la lumière blanche autour de la silhouette de la personne ou de l'objet. Imaginez à quoi ces derniers ressembleraient s'ils étaient entièrement recouverts d'une coquille de lumière blanche. Une fois que vous aurez pu voir cette image avec votre œil spirituel, le travail sera terminé !

Si la peur des voleurs ou des incendies vous tient éveillé la nuit, demandez aux anges de vous aider et vous dormirez profondément. Visualisez simplement votre maison entourée de lumière blanche. Ensuite, visualisez un grand ange gardien posté à chaque porte, et même à chaque fenêtre si vous le voulez. Avec cette lumière et les anges gardiens veillant sur vous et votre maison, vous dormirez profondément et en sécurité.

Vous pouvez également entourer vos enfants et d'autres êtres chers de lumière blanche afin de leur procurer une « isolation spirituelle ». J'aime bien entourer de lumière blanche le véhicule ou l'avion à bord duquel je me trouve, et je demande souvent à d'autres anges d'escorter ma voiture et de la protéger.

Et puis, lorsque vous pénétrez dans un lieu où règne de la négativité ou une mentalité terre à terre, entourez-vous de lumière blanche. Si vous avez tendance au clair sentir (on parle aussi d'empathie, d'intuition ou de sensibilité), vous serez peut-être prédisposé à absorber l'énergie négative que dégagent de tels environnements. Ayant tendance à avoir vivement conscience des sentiments des autres, les personnes aptes au clair sentir peuvent facilement absorber la négativité d'autrui ; c'est pourquoi elles peuvent souvent se sentir épuisées ou découragées.

Afin de prévenir les émotions négatives, les personnes aptes au clair sentir pourraient visualiser un triple sceau de lumière autour d'elles : tout d'abord une couche de lumière blanche, puis une couche de lumière vert émeraude de guérison et enfin une couche de lumière violette. Cette troisième couche sert de bouclier et détourne toute influence négative.

Les anges disent que ces personnes ont besoin de passer régulièrement du temps en plein air. Selon eux, la nature agit comme un « absorbeur de fumée » et élimine les énergies négatives que ces personnes ont pu absorber. Ils recommandent aux gens aptes au clair sentir d'avoir des plantes en pot près de leur lit, en particulier des plantes à feuilles larges comme le pothos et le philodendron. Les plantes absorbent le résidu de la négativité qui s'échappe de notre corps pendant notre sommeil, tout comme elles purifient notre air du monoxyde de carbone.

Retrouver les objets perdus

Lorsque j'étais petite, j'ai perdu mon petit porte-monnaie en rentrant de l'école. Cette nuit-là, j'ai pleuré cette perte, mais ma mère m'a rassurée en me demandant d'affirmer : « Rien n'est perdu dans l'esprit de Dieu. » Elle m'a expliqué que, même si je ne savais pas où était ma bourse, Dieu pouvait parfaitement la voir en cet instant même.

Je me suis endormie en affirmant à maintes reprises que *rien n'est perdu dans l'esprit de Dieu*, totalement confiante dans le fait que Dieu me rapporterait ma bourse. Lorsque j'ai ouvert les yeux le lendemain, mon petit porte-monnaie rouge était là, juste à droite de mon lit. Ma mère a juré qu'elle n'y était pour rien. Elle dit la même chose encore aujourd'hui et je crois qu'il s'agissait d'un véritable miracle résultant de ma totale confiance dans le pouvoir de Dieu.

J'ai enseigné cette affirmation à bien des gens et j'ai reçu depuis de nombreuses lettres de personnes disant qu'elles ont aussi miraculeusement retrouvé des objets perdus en affirmant à maintes reprises : « Rien n'est perdu dans l'esprit de Dieu. »

Vous pouvez également demander à vos anges de vous aider à retrouver des objets perdus. Je venais d'emménager dans une nouvelle maison et mes fournitures de bureau étaient éparpillées dans différents cartons. Ne trouvant pas les chèques dont j'avais besoin pour payer mes factures, j'ai imploré mes anges de m'aider à les retrouver.

J'ai entendu une voix dire : « *Regarde dans le placard !* »

En ouvrant le placard en désordre, j'ai senti que mon attention et mes mains étaient immédiatement guidées vers un grand sac. Mon chéquier s'y trouvait, exactement comme la voix de mon ange l'avait annoncé.

Une femme nommée Jenny avait perdu ses clés, ce qui incluait celles de sa voiture, de sa maison et de sa boîte postale. Son mari et elle avaient cherché partout sans succès. Deux jours plus tard, Jenny et son mari discutaient dans leur garage. N'ayant pas de clé pour démarrer sa voiture, Jenny s'apprêtait à se rendre à l'épicerie avec l'auto de son mari. Vraiment contrariée de ne pas pouvoir retrouver ses clés, elle a dit tout haut à Dieu : « S'il Te plaît, aide-moi à trouver mes clés maintenant ! » À peine avait-elle fini de parler qu'elle a remarqué une boîte de café vide renversée dans le garage. La boîte semblait briller de l'intérieur et Jenny a été irrésistiblement attirée vers elle. Son mari n'a rien remarqué, distrait par ce qu'il était en train de faire.

Lorsqu'elle a soulevé la boîte, Jenny a vu un reflet qui ne trompait pas : les clés de sa voiture étaient en dessous. « Comment est-ce possible ? s'est-elle demandé. Je me souviens d'avoir déjà regardé sous cette boîte à deux reprises et mes clés ne s'y trouvaient pas. » En femme très croyante, Jenny n'a cependant pas mis en doute le miracle qui s'était produit immédiatement après qu'elle eut demandé l'aide de Dieu. Au lieu de cela, elle a décidé de surprendre son mari, qui était toujours absorbé.

Elle est montée dans sa voiture et a donné un petit coup d'avertisseur. « Au revoir, chéri, je m'en vais au magasin ! » Il a distraitement fait un signe de la main et, alors que Jenny sortait de l'allée, il s'est soudain rendu compte que sa femme conduisait une voiture dont elle n'avait pas les clés. Il a couru derrière le véhicule. Finalement, Jenny et son mari ont bien ri lorsque Jenny a raconté à quel conseil divin elle devait d'avoir retrouvé ses clés.

Le Ciel peut aussi nous aider à remplacer des objets abîmés, comme l'a découvert Maria Stephanson, dont je vous ai parlé plus tôt.

Invitée à une réception où la tenue de soirée était obligatoire, j'avais acheté un corsage étourdissant à 155 dollars dans un magasin très luxueux. C'était beaucoup pour moi qui n'achète que des vêtements en solde et qui n'ai jamais payé plus de 25 dollars pour un corsage. Celui-là, je savais que je pourrais le porter pendant les vacances et dans des occasions particulières.

Environ un mois après cette réception, une de mes amies très proches avait une invitation solennelle et, lui faisant entièrement confiance, je l'ai laissée emprunter mon corsage. Après l'avoir porté, elle l'a donné à nettoyer et il a été totalement abîmé. Elle en était terrassée, a pleuré à chaudes larmes et n'a pas dormi de la nuit avant de m'en parler. Elle avait appelé le nettoyeur ainsi que le magasin où j'avais acheté le corsage et les deux demandaient le reçu avant même d'envisager de rembourser. Elle voulait le remplacer, mais j'avais acheté le dernier au magasin où je m'étais rendue. Je me sentais un peu mal, mais je me sentais encore plus mal pour mon amie.

Or, mon problème était que je ne retrouvais le reçu nulle part. J'avais fouillé de fond en comble pendant une journée entière, mettant tout en pièces, et j'avais fini par me résoudre au fait que c'était une chose de plus à laquelle je ne pouvais que dire adieu. Toutefois, je venais d'assister à un atelier d'une journée avec Doreen Virtue ; alors, je me suis souvenue qu'elle m'avait indiqué quelques façons de communiquer avec mes anges et puis j'ai écouté ses cassettes de conseils divins.

J'ai donc décidé de demander l'aide de mes anges : « Si vraiment j'ai encore ce reçu quelque part, pourriez-vous simplement me montrer où ? » J'ai immédiatement eu l'intuition de vérifier dans un tiroir de ma cuisine. Le message était si puissant que j'ai tourné les talons, me suis dirigée droit sur le tiroir et l'ai ouvert en *sachant* parfaitement que le reçu s'y trouverait. Et j'avais raison !

J'ai ri, rendu grâce et apporté le reçu à mon amie. Elle m'a dit qu'elle allait le porter chez le nettoyeur et se faire rembourser. Le lendemain, j'ai eu la surprise de la voir arriver avec un corsage ! Elle avait tenté sa chance et était allée dans un autre magasin. Il n'y en avait qu'un et « comme par hasard » de ma taille. Le commis a été très gentil et a remplacé le corsage sans poser de questions. Ainsi, non seulement mes anges m'ont-ils aidée à trouver le reçu, mais aussi y avait-il un corsage qui n'attendait que moi là-bas !

L'argent perdu et retrouvé

Parmi les nombreux récits d'interventions divines que je reçois, certains concernent des personnes qui perdent leur sac ou leur portefeuille puis le retrouvent miraculeusement. Ces histoires réconfortantes renforcent non seulement ma foi en Dieu, mais aussi ma confiance dans la bonté naturelle de l'humanité. Voici l'histoire édifiante d'une conseillère nommée Gayle Earle qui a retrouvé son portefeuille grâce à l'intervention de ses anges et à la bienveillance d'une honnête personne :

> J'ai laissé par inadvertance mon portefeuille dans le chariot de l'épicerie. Je suis rentrée chez moi, j'ai déballé mes provisions et j'ai repris ma voiture pour aller faire le reste de mes courses. J'ai demandé à mes anges : « Bon, à quel magasin dois-je aller pour me procurer ce qui me manque ? » Je n'ai pas reçu de réponse claire et j'en ai été quelque peu frustrée. Ensuite, j'ai reçu un message qui disait : « *Sais-tu où est ton portefeuille ?* » C'est là que je me suis rendu compte que je l'avais perdu.
>
> Quelque chose m'a obligée à retourner à l'épicerie. Croyez-le ou non, un bon Samaritain y avait rapporté mon portefeuille. J'en ai vérifié le contenu et rien ne manquait. J'ai alors réalisé la chance que j'avais de faire partie d'un monde rempli de gens honnêtes et aimants.

Dans une autre histoire d'argent perdu et retrouvé, deux guérisseuses, Rachelle et Mary Lynn, ont demandé à l'archange Michael de veiller sur un sac perdu.

> *Rachelle et Mary Lynn se rendaient en voiture de Pittsburgh à Cleveland et se sont arrêtées pour dîner dans un restaurant. Une heure plus tard, elles arrivaient à une station-service. Le moment venu de payer l'essence, Mary Lynn s'est rendu compte à sa grande stupeur qu'elle avait laissé son sac au restaurant.*
>
> *Les deux femmes, qui ont une grande confiance au pouvoir des anges, en particulier l'archange Michael, ont*

immédiatement demandé à ce dernier de veiller sur le porte-monnaie de Mary Lynn. Ensuite, elles ont affirmé « Tout est selon l'ordre parfait et divin » afin de consolider leur confiance.

En retournant vers le restaurant, elles ont demandé à leurs anges de les guider car elles n'arrivaient pas à se rappeler exactement la route à suivre. Sentant la présence des anges à leurs côtés, elles ont pris la bonne sortie et se sont rendues à destination. Mary Lynn a récupéré son sac et tout y était, y compris ses cartes de crédit et 200 dollars en liquide.

Un mois plus tard, Mary Lynn a dû faire appel à l'archange Michael pour une autre histoire d'objets manquants ! Infirmière en cardiologie, Mary Lynn occupe un poste volant à l'hôpital. Ne disposant pas d'un bureau ou d'un casier fixe, elle garde toutes ses affaires, dont ses clés, son argent et son agenda, dans un porte-documents.

Une nuit, Mary Lynn était très occupée par une urgence et son porte-documents était resté sans surveillance. Après la chirurgie, elle s'est rendu compte qu'il avait disparu ! Elle a immédiatement demandé à l'archange Michael de trouver ses affaires, en envoyant de surcroît bénédictions et amour divin à la personne qui avait pris son porte-documents. Une heure plus tard, Mary Lynn recevait un appel des services de sécurité lui annonçant qu'on avait récupéré son porte-documents. Comme la fois précédente, rien ne manquait et elle a retrouvé toutes ses affaires.

Chaque fois que nous perdons quelque chose, il est important de demander de l'aide spirituelle. Je parle si souvent à des gens qui me racontent qu'ils ont cherché un objet pendant des heures. Puis ils finissent par demander à Dieu et aux anges de les aider et — hop ! — quelques minutes aprè s ils retrouvent ce qu'ils cherchaient. C'est ce que Maggie a dé couvert elle aussi.

Serveuse et é tudiante à temps partiel, Maggie avait soigneusement glissé les 65 dollars en espè ces qu'elle avait gagné s la veille dans une enveloppe qu'elle avait mise dans son sac. Puis, elle avait fait quelques courses durant lesquelles elle avait sorti 5 dollars de l'enveloppe pour acheter à manger dans un restaurant Taco Bell.

Le lendemain matin, elle a cherché partout l'enveloppe mais en vain. Elle a retourné ses poubelles et cherché à travers tous les papiers de la maison, perdant plusieurs heures inutilement. Finalement, en dé sespoir de cause, elle s'est tourné e vers Dieu et les anges pour recevoir de l'aide.

À l'instant où elle a fait sa demande, Maggie a reç u une image mentale du sac Taco Bell qui avait contenu son souper la veille. Elle est allé e à la poubelle, a ouvert le sac, et l'enveloppe contenant l'argent s'y trouvait !

Les aide-mé moire angé liques

Les anges prennent-ils non seulement soin de nous, mais aussi de nos maisons. Une participante à mes ateliers de conseils divins m'a raconté l'histoire suivante :

L'autre jour, alors que me rendais au travail en voiture, j'ai entendu une voix dans ma tête dire que la cafetière était restée allumée. Normalement, je n'aurais pas pensé à cela car mon mari, qui travaille fréquemment à l'extérieur de la maison, est la principale personne à faire et à boire du café. Toutefois, cette voix sonnait de manière péremptoire.

Alors, j'ai joint mon mari sur son cellulaire tandis qu'il était au volant. Je lui ai demandé s'il se rappelait avoir éteint la cafetière avant de partir. « Oh, j'ai oublié ! » s'est-il exclamé. Il est retourné à la maison et a éteint la cafetière, reconnaissant du fait que les anges veillaient sur notre chère maison.

Les anges de la route

La majorité des histoires d'anges que je reçois concernent des automobiles. Nos anges nous surveillent de près lorsque nous sommes en voiture parce qu'ils ne veulent pas que quelque chose nous arrive avant notre heure. Bien sûr, le plus qu'ils peuvent faire, c'est par exemple nous donner des avertissements. Notre libre arbitre nous donne le choix d'ignorer les appels des anges à ralentir, à changer de voie, etc.

Lors d'une émission de radio, une personne avait appelé pour me demander ce qu'il en était des anges l'entourant. « Un grand ange féminin se tient près de votre épaule droite, lui ai-je dit. Elle s'éponge le front en m'indiquant qu'elle vous aide lorsque vous êtes au volant et qu'elle vous a épargné un certain nombre de collisions. On dirait que vous la gardez continuellement occupée à vous sauver lorsque vous conduisez. Est-ce que je peux vous demander si vous êtes une maniaque du volant ou quoi ? »

« Eh bien, pas exactement, a-t-elle répondu avec réserve, mais je me maquille tout en conduisant lorsque je me rends au travail. » J'ai vu l'image de cette femme en train de conduire, se regardant dans le miroir de son pare-soleil et mettant son rouge à lèvres pendant que son ange se cramponnait frénétiquement au volant.

Les anges nous aiment, mais ils veulent que nous soyons attentifs lorsque nous conduisons !

Le récit suivant, que m'a fait une femme du nom de Lynette, est le genre d'histoire d'intervention divine que j'entends le plus souvent.

Je conduisais sur la voie rapide lorsque j'ai entendu une voix dire dans ma tête : « *Ralentis maintenant !* » J'ai ralenti un peu et à peine l'avais-je fait qu'une voiture est arrivée de nulle part. J'ai dû écraser les freins pour éviter de la heurter sur le côté et me suis arrêtée à vingt centimètres d'elle littéralement ! L'incroyable, c'est que je n'étais même pas effrayée ni tremblante. J'avoue que j'étais un peu alarmée, mais mes genoux ne s'entrechoquaient pas comme je m'y serais attendue dans une situation aussi soudaine.

J'entends bien des histoires d'intervention divine à vous faire dresser les cheveux sur la tête, comme celle que David a vécue.

David roulait sur une autoroute encombrée de la Californie du Sud lorsqu'il a soudain remarqué que la jauge de son niveau d'essence baissait rapidement de plein à vide. « *Hum, je viens de faire le plein, a-t-il pensé. Je me demande si j'ai oublié de refermer le couvercle à la station-service.* » Comme la jauge passait de vide sur la ré serve, la lumiè re s'est allumé e et David s'est rangé sur le bord de l'autoroute pour voir ce qui se passait.

L'instant d'aprè s, il entendait un é norme fracas. Il a regardé et vu sur la file qu'il venait de quitter trois voitures empilé es. S'il n'é tait pas sorti de la route, David se serait certainement trouvé dans cette collision !

Il a dit une priè re de remerciement et a prié pour les gens qui avaient eu l'accident. Ensuite, il est sorti de sa voiture avec pré caution pour vé rifier que le couvercle de l'essence é tait bien en place. Lorsqu'il a mis ensuite la clé sur le contact, à sa surprise la jauge est immé diatement passé e sur plein. Sa voiture é tait fiable, la jauge n'avait jamais posé problè me avant et n'en a pas posé depuis. David sait que Dieu et les anges l'ont sauvé d'un grave accident en manipulant cette jauge à essence. Il est é vident qu'ils le connaissaient assez bien pour savoir qu'il chercherait immé diatement à savoir ce qui se passait !

Comme l'illustre l'histoire de David, les anges peuvent influer sur le monde physique et provoquer des miracles si né cessaire. Madison, une gué risseuse de l'Utah, a fait l'expérience de la maniè re dont les anges peuvent dé fier les lois de la physique.

Je roulais sur la file de droite d'une route à quatre voies ; j'avais une voiture devant moi et une sur ma gauche. Tout à coup, le conducteur de devant a brusquement freiné ! J'ai dû faire un é cart sur la file de gauche pour ne pas heurter sa voiture. En toute logique, j'aurais dû toucher la voiture de gauche, mais j'ai regardé dans le ré troviseur et cette voiture se trouvait maintenant derriè re moi à une distance d'environ six autos. Pour moi, il n'y a aucun doute ; ce sont mes anges qui m'ont é pargné e.

Distorsions temporelles angéliques

Nombre de gens, et j'en suis, ont découvert que les anges peuvent nous aider à atteindre une destination à temps. Une femme a raconté qu'elle était en retard pour aller chercher une amie à l'aéroport. Voici son histoire.

D'un point de vue physique, je ne pouvais arriver à temps à l'aéroport ; alors, j'ai demandé à mes anges de m'aider à me rendre là-bas. Quoi qu'il en soit, je suis arrivée à l'aéroport, je me suis garée, j'étais à la porte cinq minutes en avance pour retrouver mon amie et l'avion était à l'heure ! C'était comme si les anges m'avaient fait entrer dans une distorsion temporelle. Le trajet jusqu'à l'aéroport m'a toujours pris une heure ; or, je l'ai fait en 30 minutes et je n'ai pas conduit plus vite ou différemment que je le fais d'habitude.

Une autre femme m'a raconté une histoire semblable :

Ce matin-là, je suis partie de la maison 20 minutes plus tard que la normale. J'ai demandé à mes anges de me conduire au travail rapidement, en sécurité et sans stress. Habituellement, le trajet me prend entre 30 et 40 minutes. Cette journée-là, je l'ai fait en un quart d'heure ! Il n'y avait presque pas de circulation, je n'ai dû m'arrêter qu'à deux feux, et là je n'ai attendu que quelques secondes. Je n'ai absolument pas dépassé la limite de vitesse et je suis arrivée tôt au travail, en fait ! Merci, les anges.

Si je n'avais pas fait moi-même l'expérience de semblables miracles de « distorsions temporelles » angéliques, je ne croirais pas à ces histoires. Cependant, il m'est arrivé des choses similaires et j'ai entendu tellement de récits de ce genre que j'accepte à présent ces événements comme des solutions possibles, à la portée de quiconque demande aux anges de l'aide pour voyager dans le temps.

Sur une note moins mystique mais ayant un lien avec le sujet, une femme nommée Patti m'a fait le récit suivant :

> Ce soir-là, en revenant de chez une amie, j'ai pris en voiture un chemin que je ne connaissais pas. J'ai simplement affirmé « Je suis guidée par le divin » et je me suis sentie conduite par une force invisible qui m'a fait emprunter plein de rues dont je n'avais jamais entendu parler. En réalité, j'ai gagné 15 minutes sur le temps qu'il faut normalement pour aller de chez mon amie à chez moi !

La sécurité au travail

Un jour, j'ai fait des lectures angéliques au téléphone depuis chez moi durant une émission de radio du Midwest. Je constate qu'il m'est facile de voir les anges d'une personne, que ce soit dans une conversation face à face, à la radio ou même en pensée. Notre vision spirituelle ou clairvoyance n'est pas limitée comme l'est notre vision physique.

L'un de mes interlocuteurs durant cette émission a dit qu'il était pompier et qu'il avait échappé de peu à la mort la veille. « Quelqu'un m'a aidé à sortir de cette maison en flammes, a-t-il dit, le souffle coupé. Je le sais ! J'ai senti la présence et les mains de quelqu'un qui m'aidait à m'enfuir ; pourtant, il n'y avait pas d'autres pompiers dans la maison avec moi. J'étais entièrement seul et je sais que c'est un ange qui m'a sauvé la vie. J'ai une idée de qui c'était mais je veux smplement m'en assurer. Pourriez-vous me dire qui est mon ange gardien ? qui m'a sauvé la vie la nuit dernière ? »

« Eh bien, c'est votre grand-père », ai-je dit. J'avais vu le vieux monsieur juste à la droite de mon interlocuteur pendant tout le temps qu'il parlait. Le grand-père m'a dit qu'il adorait son petit-fils et qu'il ne le laisserait jamais en danger.

L'homme était surpris de ma réponse instantanée. « Je le savais ! s'est-il exclamé. Mon grand-père est mort il y a à peine trois mois. J'ai actuellement en mains son certificat de décès et sa photo. Je savais que c'était lui qui m'avait sauvé la vie ! S'il vous plaît, dites-lui que je le remercie, d'accord ? »

« Il vous entend en ce moment, ai-je répondu. Il sait que vous lui êtes reconnaissant et que vous l'aimez beaucoup. Lui aussi vous aime. »

Nos anges nous aident à rester en sécurité au travail. Si nous sommes dans une situation où notre vie est menacée et qu'il n'est pas l'heure de nous en aller, ils interviendront. Ce pompier a fait l'expérience de ce genre d'héroïsme de la part de son grand-père et ange gardien.

Cependant, pour les problèmes de sécurité quotidienne, nous devons donner à Dieu et aux anges la permission d'intervenir. La loi du libre arbitre ne les autorise à nous aider que si nous — ou quelqu'un que nous aimons tel un parent, un ami ou un conjoint — demandons leur aide.

Les policiers considèrent l'archange Michael comme leur saint patron parce qu'il veille sur eux et qu'il les protège. Plusieurs d'entre eux portent des épinglettes ou des images de l'archange Michael qui leur rappellent de demander son aide. La protection de Michael n'est cependant pas limitée aux policiers. Comme un véritable Superman, Michael peut être simultanément avec toutes les personnes qui demandent son aide et sa protection.

Demandez mentalement à l'archange Michael de rester auprès de vous et de vous guider. Il vous dira à voix haute et intelligible si vous avez besoin de vous sortir du danger. Michael aide tout le monde sans se préoccuper des orientations religieuses. Tout ce qu'il demande, c'est que vous sollicitiez son aide. Il s'occupera de tout le reste.

Je constate qu'il est utile de visualiser le matériel et les installations de travail entourés de lumière blanche. Comme je l'ai mentionné précédemment, la lumière blanche est une sorte d'énergie angélique dotée d'une intelligence, d'un pouvoir et d'une force vitale. Lorsque vous imaginez un instrument de travail entouré de cette lumière, vous l'isolez contre la détérioration ou le vol. Servez-vous de votre intuition pour savoir si vous devez régulièrement renouveler cette protection étanche ou si l'objet la conservera en permanence. En cas de doute, enveloppez-le de nouveau de lumière blanche pour lui assurer un surcroît de protection et d'isolation.

Si vous êtes préoccupé par la sécurité au travail d'un être cher, faites appel à d'autres anges pour qu'ils entourent cette personne. Visualisez-la dans une capsule de lumière blanche. Sachez que jamais les anges et la lumière blanche ne violeront son libre arbitre ; ils se contenteront de créer une « barrière protectrice » qui empêchera les énergies indésirables d'entrer en contact avec la personne que vous aimez.

Paix et tranquillité

Les anges savent que le bruit est un facteur stressant capable d'user nos nerfs, d'interrompre notre sommeil et d'attaquer notre tranquillité d'esprit. Heureusement, lorsque nous demandons leur aide, ils peuvent intervenir et apporter un calme céleste dans toute situation.

L'animateur d'une émission-débat radiophonique m'a dit que son ange gardien l'avait aidé à passer une matinée paisible. Il était environ sept heures du matin un samedi, jour de congé. Il essayait de dormir tard mais le chien de son voisin aboyait furieusement. *Comment pourrai-je jamais dormir avec ce vacarme ?* a-t-il pensé, ennuyé, puis il s'est souvenu que je lui avais donné une lecture angélique lors de son émission la semaine précédente. Je lui avais dit que son ange gardien principal s'appelait Horatio et qu'il pouvait lui demander de l'aide pour *n'importe quoi*. « Je me suis dit que j'allais mettre Horatio au travail pour qu'il m'aide, se rappelait-il. Alors, j'ai dit mentalement à Horatio : " S'il te plaît, arrête ce chien d'aboyer maintenant ! " À la seconde où je finissais d'énoncer ma demande, le chien est devenu totalement silencieux et l'est resté toute la matinée. Vous pouvez me compter parmi ceux qui croient aux anges ! »

Je suis très sensible au bruit parce que mes oreilles sont exercées à entendre les voix des anges. Aussi, lorsqu'en arrivant récemment sur les lieux d'un séminaire j'ai trouvé l'alarme incendie déclenchée (une fausse alerte), j'étais déterminée à rétablir rapidement la situation. Le système d'alarme était constitué de lumières stroboscopiques placées aux quatre coins des murs de la salle de séminaire et accompagnées d'une alarme très puissante et stridente.

Voilà que cette dernière sonnait aux deux minutes. Vous pouviez parler à une hauteur normale quelques minutes puis — hop ! — l'alarme incendie se déclenchait et tout le monde devait hurler pour se faire entendre. Les lumières stroboscopiques clignotant continuellement, cela créait un étrange effet disco.

Quelques-uns de mes étudiants étaient au séminaire avec moi et nous nous sommes mis en cercle peu avant le moment où il était prévu que je commence mon exposé. Ensemble, nous avons demandé aux archanges Michael et Raphaël de réparer cette alarme. J'ai demandé aux pompiers et aux ingénieurs décédés de nous venir en aide et de redresser la situation. Ensuite, nous avons remis toute l'affaire à Dieu. J'étais sûre que, d'une manière ou d'une autre, l'alarme serait réparée d'ici le moment où je commencerais à parler.

Tandis qu'on me présentait quelques instants après, les lumières stroboscopiques ont soudain cessé de clignoter. Tout le monde a regardé alentour, se rendant compte que l'alarme avait été réparée au moment même où je montais sur scène. Demandez et vous recevrez !

Cela a tellement bien fonctionné que, la semaine suivante, lorsque j'ai été à nouveau dérangée par le bruit, j'ai décidé d'utiliser une fois de plus cette technique. J'étais à la plage, me détendant après une longue période de travail très intense. Cela faisait peut-être deux heures que je baignais dans la tranquillité lorsque deux hommes se sont assis juste à côté de moi et qu'ils ont allumé leur radiocassette, qui s'est mise à jouer une musique rap bruyante.

Je me suis entretenue mentalement avec leurs anges gardiens et leur ai dit : « S'il vous plaît, faites savoir à ces hommes que leur musique me dérange et que j'aimerais qu'ils l'éteignent. » Je savais que les anges essaieraient de m'aider, mais je n'étais pas sûre que les deux jeunes gens les écouteraient. Peut-être ignoreraient-ils leur conscience ? Cependant, quelques instants après, ils ont éteint leur radiocassette. Intercéder auprès des anges donne toujours de bons résultats.

Mon agent, Steve Allen, en a eu la preuve alors que nous filmions chez moi un segment destiné à une émission de télévision nationale. Durant l'entretien, mon réfrigérateur s'est mis à faire beaucoup de bruit. Steve a demandé mentalement aux anges de calmer ce réfrigérateur et le moteur s'est arrêté sur-le-champ ! Même si Steve est très croyant, il a été surpris de la rapidité avec laquelle sa demande a été exaucée.

CHAPITRE DIX

Régler avec l'aide des anges
les problèmes de nos vies passées

En tant que thérapeute, j'ai toujours été intriguée par le sujet des vies antérieures. Cependant, pendant des années, même si je pouvais voir la valeur thérapeutique qu'il y avait à mener des séances cathartiques de régression vers une vie antérieure, je pensais que tout cela était fondé sur l'imagination. Évidemment, pendant très longtemps je n'ai pas cru aux anges ni à la vie après la mort ! Mon cerveau gauche étant sceptique quant à tout ce qui était ésotérique, il m'a fallu quelques miracles avant d'être suffisamment ouverte à l'idée d'un monde spirituel.

Pourtant, même lorsque je pensais que l'idée des vies antérieures était une sornette, je trouvais à celles-ci une valeur thérapeutique. De nombreux clients souffrant de phobies ne guérissaient pas tant et aussi longtemps qu'ils n'avaient pas entrepris une régression vers leurs vies antérieures, par exemple cette femme qui se suralimentait compulsivement et qui ne réagissait pas à la thérapie conventionnelle. Pourtant, lorsqu'elle s'est soumise à l'hypnose avec l'intention de trouver le traumatisme à l'origine de sa compulsion, elle a vu avec son œil spirituel une scène dans laquelle elle était morte de faim dans une vie précédente. Peu après cette séance, son appétit est devenu normal et elle s'est mise à perdre du poids.

Cela dit, cela importe-t-il vraiment que cette femme ait réellement vécu une vie antérieure ou pas ? Non ! La seule chose à considérer dans la pratique, c'est « ici et maintenant » puisque la guérison ne peut intervenir que dans le moment présent.

Dans mon livre *Divine Guidance: How to Have a Dialogue with God and Your Guardian Angels,* j'expose des moyens pratiques pour recevoir clairement les conseils et suggestions du Ciel. Toutefois, entendre un conseil divin ne suffit pas. Il nous faut le suivre, le mettre en action. Si vous vous sentez coincé, paralysé dans votre capacité à appliquer les conseils divins à votre vie quotidienne, il se pourrait que ce soit à cause d'un problème vécu dans une autre vie. Par exemple, beaucoup de gens avec qui j'ai travaillé ont reçu le conseil divin de devenir des conseillers intuitifs ou des guérisseurs selon la médecine spirituelle ou alternative. Cependant, ils ressentent une peur aussi grande, voire plus grande, que leur désir d'atteindre cet objectif.

Dans bien des cas, ces guérisseurs d'aujourd'hui ont été tués dans leurs vies passées à cause de leurs aptitudes intuitives ou de guérison. J'ai travaillé avec des personnes qui, dans de nombreuses vies, avaient été décapitées, étaient mortes sur le bûcher ou avaient eu d'autres horribles formes de mort parce que leurs capacités intuitives menaçaient les institutions de l'Église ou du gouvernement local. Elles ont péri à l'époque de l'Inquisition et à celle de la chasse aux sorcières. Alors, est-il surprenant qu'elles soient profondément effrayées dans cette vie lorsque Dieu leur conseille de commencer une pratique de conseil ou de guérison ? En réalité, c'est une décision avisée d'y penser en ces termes : « Voyons, ayant déjà été tué pour être intuitif, je crois que je vais décider de *ne pas* m'ouvrir à l'intuition dans cette vie. »

Alors, que vous croyez ou non aux vies antérieures, vous pouvez malgré tout tirer profit du rôle que jouent ces dernières en appliquant les conseils divins à la vie *actuelle*. Comme je l'ai mentionné, les conseils divins ont des applications pratiques ; en effet, ils nous aident à accroître le bonheur et l'harmonie dans notre vie. Cependant, beaucoup de gens bloquent inconsciemment leur sensibilité aux conseils divins ou ne suivent pas ces derniers. Il en résulte des prières sans réponse, non parce que Dieu et les anges les ignorent mais parce que les conseils divins sont en suspens comme une lettre du Ciel que son destinataire refuse d'ouvrir et de lire.

Voici quelques blocages, en lien avec des vies passées, nous empêchant de profiter des avantages qu'il y a à appliquer les conseils divins :

Vœux prononcés dans une vie antérieure — Avez-vous déjà eu l'impression de ne pas pouvoir y arriver financièrement ou d'avoir constamment des relations problématiques ? Il se peut que les vœux de pauvreté, de célibat ou de souffrance que vous avez prononcés dans des vies passées en soient la cause. Là encore, peu importe que vous croyiez aux vies antérieures, cela ne peut pas vous faire de mal — et peut simplement vous aider — de rompre les vœux que vous avez peut-être faits.

Voici quelques puissantes affirmations permettant de se libérer des conséquences de tels vœux. J'utilise cette méthode et j'obtiens des résultats remarquables avec mes patients qui sont bloqués par l'interférence d'une vie antérieure. L'efficacité de ces affirmations dépend de la conviction avec laquelle vous les faites. En d'autres termes, vous devez les dire *avec sincérité* et non simplement en prononcer les mots. Dites deux fois chacune des affirmations suivantes, soit mentalement soit à voix haute, avec une grande détermination :

- *Par ces mots, je romps tous les vœux de pauvreté que j'ai faits en toute vie et je demande que les conséquences de ces vœux soient annulées dans toutes les directions du temps.*

- *Par ces mots, je romps tous les vœux de souffrance que j'ai faits en toute vie et je demande que les conséquences de ces vœux soient annulées dans toutes les directions du temps.*

(**Note** : ne dites pas l'affirmation ci-après si vous vivez actuellement à dessein une vie de célibataire.)

- *Par ces mots, je romps tous les vœux de célibat que j'ai faits en toute vie et je demande que les conséquences de ces vœux soient annulées dans toutes les directions du temps.*

La peur d'être puissant — Cette peur particulière a souvent ses racines dans des vies antérieures où nous avons fait un *très* mauvais usage de notre pouvoir. En particulier chez ceux qui ont vécu dans l'ancienne civilisation qu'on appelle « l'Atlantide », la peur de mal utiliser le pouvoir est courante.

L'Atlantide était une société prospère utilisant une technologie de pointe fondée sur l'énergie générée par le soleil et conduite au moyen de cristaux. Les méthodes de guérison et de transport des Atlantes étaient nombreuses et avancées. Chez plusieurs d'entre eux, la soif de pouvoir était insatiable. Les Atlantes ont utilisé leur savoir-faire technologique pour mettre au point des armes et conquérir d'autres civilisations. Ils se sont rendus maîtres de nombreuses terres dans le monde, une par une.

Toutefois, ils ont fini par mal utiliser leur force de frappe et détruire leur propre terre. Cette dernière a sombré dans une explosion provoquée par des armes qui avaient été déployées pour s'abattre sur des terres situées de l'autre côté de la planète. À ce jour, les âmes qui ont vécu dans l'Atlantide ont peur de s'annihiler et d'annihiler leurs êtres chers en abusant du pouvoir.

Problèmes dans les vies antérieures, difficultés dans la vie actuelle

Si vous avez l'impression ou que vous savez que vous avez eu une vie antérieure traumatisante vous ayant conduit à vous couper de vos capacités intuitives, vos anges peuvent vous aider à laisser aller cette souffrance. Ils peuvent également vous aider à guérir de tout problème de santé lié à vos vies antérieures. J'ai travaillé avec de nombreux clients et étudiants nés avec des blessures ou d'autres problèmes physiques qui étaient directement liés à la manière dont ils étaient morts dans des vies passées.

Par exemple, une femme nommée Suzanne qui s'était empalée sur une épée au cours d'une bataille souffrait chroniquement de la hanche gauche, à l'endroit précis où elle avait été blessée dans sa vie antérieure. Une autre femme, pendue dans une vie passée, avait une douleur chronique au cou dans cette vie et avait la phobie des chemisiers à col serré. Ces deux clientes font partie des gens qui ont réussi à éradiquer la souffrance de leurs vies en invitant leurs anges à les guérir.

Il n'est pas nécessaire de vous souvenir de votre vie antérieure ou de la revoir pour que vos anges vous guérissent. Toutefois, ils vous informeront parfois du lien entre les problèmes présents et la souffrance vécue dans une autre vie. Dans presque tous les cas, la guérison intervient lorsque les gens laissent aller les émotions contenues depuis cette vie passée.

Par exemple, vos anges vous conseilleront peut-être de pardonner à ceux qui vous ont tué dans une vie antérieure. Ils peuvent vous aider à laisser aller les sentiments d'horreur que vous avez conservés depuis des siècles pour avoir été témoin de massacres en temps de guerre. Lorsque cela sera utile et thérapeutique, vos anges et votre inconscient vous permettront de vous souvenir de scènes de vies passées. Cependant, ils ne vous donneront jamais une information que vous n'êtes pas émotionnellement prêt à recevoir.

Ma cliente Grace a finalement saisi pourquoi elle était si attirée par les pays celtes lors d'une lecture angélique qui l'a aidée à comprendre comment ses problèmes d'estime de soi dans cette vie étaient liés à sa vie antérieure.

Grace : Pourquoi est-ce que je me sens si peu digne et à la hauteur, et que puis-je faire pour cela ?

Doreen : Les anges me disent que vous êtes en train d'en guérir, mais que cela va prendre plus de temps que vous ne le voudriez. Donc, vous progressez là-dessus, c'est intéressant. L'une de vos qualités spirituelles est l'humilité. Elle fait partie de votre finalité de vie. Il semble que cette finalité était en partie d'apprendre l'humilité dans cette vie parce que dans une précédente cette qualité était presque inexistante chez vous. Vos anges me montrent une vie passée dans laquelle vous étiez une fille privilégiée de parents appartenant à la classe supérieure. Je dois vous dire franchement ce qu'ils me montrent : vous étiez vraiment arrogante et hautaine avec les autres. Cependant, c'était juste par incompréhension ; c'était tout ce que vous connaissiez. Vous avez eu une vie magnifique et elle n'a pas été gâchée. Toutefois, votre manière de considérer les gens en général était influencée par le fait de ne pas avoir à traverser d'épreuves d'aucune sorte ; aussi avez-vous défini cette vie pour équilibrer l'autre et apprendre l'humilité.

L'ennui cependant, c'est que dans bien des cas vous avez remplacé l'humilité par le manque d'assurance, alors que ce sont deux choses distinctes. Ce que vous devez apprendre à présent, c'est comment équilibrer l'humilité sans tomber dans la honte ou la culpabilité. Donc, la leçon spirituelle que vous devez tirer de votre apprentissage est la connaissance de notre véritable unité à tous. La grandeur de Dieu est en chacun de nous, y compris en vous. Personne n'est plus ou moins spécial que quelqu'un d'autre.

Vous avez encore en vous cette majesté de votre vie passée. Il semble que c'était dans un pays celte comme les Cornouailles ou l'Irlande. Il vous reste encore un peu de la personnalité que vous aviez dans cette vie ; cela vous met dans votre état d'ego et vous fait peur. Vous êtes presque effrayée de vos réactions naturelles à l'égard des autres ; vous devez donc être vraiment attentive et réservée dans vos propos.

Vous vous voyez à l'image des autres. Si vous pouvez apprendre à déceler le bonheur et la beauté chez les autres, vous les verrez plus facilement en vous-même. Vos anges disent que vous avez besoin de surveiller vos pensées et que, lorsque vous vous jugez ou que vous jugez les autres, vous devez vous pardonner et laisser aller vos pensées. Ne les combattez pas, sinon elles prendront davantage de place et de force. Remarquez-les simplement et laissez-les aller. Cependant, vous êtes très près du but. Ne négligeons pas les progrès que vous avez faits, je vous en prie ! Vos anges m'indiquent que ce problème vous a simplement fait grandir. Vous n'avez qu'à apprendre le juste équilibre et à ne pas partir vers des extrêmes comme les autojugements ou d'autres types de jugements. Les deux extrêmes sont toujours douloureux.

Grace : Vous avez raison. J'ai parcouru un long chemin et je dois davantage m'en reconnaître le mérite.

Doreen : Eh bien, nous avons tous nos moments de sévérité à l'égard de nous-mêmes. Les anges sont là pour nous aider à nous libérer de cette tendance parce que c'est vraiment plus une entrave qu'une motivation.

꒜ ꒜ ꒜

Plusieurs de mes clients en sont arrivés à comprendre pourquoi ils avaient des relations conflictuelles dans cette vie. Par exemple, une cliente du nom de Bridgette s'est aperçue que sa relation avec sa mère avait été difficile dans deux de ses vies antérieures. Ces problèmes relationnels avaient eu des répercussions dans cette vie, où elle et sa mère se querellaient constamment. Les anges de Bridgette l'ont aidée à se rendre compte que si elle n'améliorait pas sa relation avec sa mère dans *cette* vie, elle se disputerait probablement avec sa mère dans une *prochaine* vie. Cela a suffi pour la motiver à demander l'aide de ses anges pour améliorer cette relation.

Se libérer du karma

Le karma appartient à un système de croyances très ancien selon lequel tout ce que nous faisons est la « cause » d'un « effet » dont nous ferons plus tard l'expérience. Croire au karma est une manière de considérer la loi universelle de cause à effet, mais *ce n'est pas* la seule. La loi de cause à effet est immuable, mais elle ne signifie pas que nous devrions être « punis » ou « bloqués » à cause de nos expériences passées. Au contraire, s'il s'agit d'une loi d'amour qui vise à nous libérer de notre passé.

Tout d'abord, l'idée de « passé » se fonde sur une croyance en un temps linéaire. Nous savons que le temps est en réalité simultané et non linéaire. En d'autres termes, tout ce que vous avez vécu et *vivrez* dans l'avenir se passe maintenant, en ce moment même. C'est parce qu'il *n'existe pas* d'autre moment que maintenant. Sur Terre, les humains ont eu recours à la croyance au passé, au présent et à l'avenir comme à un moyen de mesurer leur croissance et leurs accomplissements. Cependant la vérité spirituelle est que nous sommes tous déjà aussi accomplis que nous le souhaiterons au cours de notre vie. Nous sommes déjà à la maison, parfaits en toutes manières, puisque nous sommes en union avec Dieu. Notre unique « chemin » ou « objectif », s'il en est un, est de nous rendre compte que nous avons déjà tout ce que nous désirons. Dès lors que nous en prenons conscience, nous en faisons l'expérience.

Autrement dit, car il est très important d'expliquer ce concept en des termes clairs et simples, plusieurs réalités coexistent en ce moment même. Une bonne analogie est de penser à ces réalités comme à plusieurs films se trouvant chacun dans un magnétoscope posé sur votre poste de télévision. Vous pouvez choisir celui que vous voulez. Vous n'avez besoin de la permission de quiconque ; vous êtes la personne ayant autorité ici. L'un de ces films est un véritable chef-d'œuvre, un film magnifique qui vous inspire et vous fait découvrir votre pouvoir. Un autre est un film à petit budget, médiocre. Un autre encore est une « comédie

des erreurs » dans laquelle les personnages tombent continuellement dans le pétrin et en sortent. Et puis il y a la tragédie, pleine d'un drame pesant, de peines de cœur et de
toutes sortes de problèmes inimaginables.

Tous ces films coexistent simultanément, chacun attendant d'être joué et vécu ici et maintenant. Quel film allez-
vous passer et vivre ? Vous décidez en fonction des pensées
que vous choisissez d'avoir. Il importe pour nous tous de
comprendre que nous choisissons réellement nos pensées
et donc le film ou le type de vie que nous voulons vivre.
Chacun est qualifié de manière égale pour choisir et vivre
chaque film. Vous n'avez pas à gagner le droit de vivre un
film magnifique et harmonieux. *C'est* un droit inné d'avoir
une vie paisible et constructive. Traverser les peines et surmonter les obstacles est une manière d'accomplir sa croissance spirituelle, mais ce n'est pas la seule. Vous pouvez
vraiment parvenir à l'illumination avec une vie paisible,
parce que vous êtes d'ores et déjà illuminé.

Si vous ressentez un manque, une contrainte ou une
souffrance de quelque type que ce soit, c'est simplement
que vous êtes habité par des pensées de peur. Parfois, nous
ne sommes pas conscients de ces pensées ou nous croyons
ne pas en avoir la maîtrise, comme si elles *nous* choisis-
saient ! Avec de la pratique, vous pourrez devenir conscient
de quel type de pensée vous avez en tête à tout instant.
Chaque fois que vous ressentirez de la souffrance, vous
saurez que vous avez eu une pensée de peur. Au fur et à
mesure que vous progresserez sur la voie spirituelle, vous
supporterez de moins en moins la souffrance jusqu'au
moment où vous ne pourrez plus la tolérer. À ce moment-
là, vous n'aurez plus de pensées de peur, et vous reconnaî-
trez instantanément et laisserez aller celles que vous aurez

choisies par erreur à l'occasion. Vous pouvez travailler avec les anges pour vous libérer de ces pensées et de leurs conséquences. Après tout, les anges sont toujours avec vous et prêts à vous aider. Pensez simplement, *Mes anges, s'il vous plaît, aidez-moi !* et ils interviendront pour vous rassurer.

Chaque pensée d'amour, de même que chaque pensée de peur, a un effet. Les pensées d'amour viennent de votre moi véritable ; les pensées de peur, de votre faux moi, votre ego.

Les effets sont en lien avec leurs causes. Chaque fois que vous choisissez une pensée de peur, elle reste attachée à votre ego comme une montgolfière. Les expériences douloureuses restent ancrées en vous — l'une après l'autre, selon un modèle et un cycle apparemment sans fin — tant que vous vous accrochez à la *cause* ou aux pensées de peur de l'ego. Toutefois, si vous laissez aller la cause, son effet s'envolera avec elle.

La beauté de la chose, c'est qu'il vous est possible de laisser aller toutes les pensées de peur que vous avez eues ou que d'autres ont pu avoir à votre égard, et que vous pouvez en faire autant avec leurs effets douloureux !

Dans *Un cours en miracles*, il est dit : « Reconnaissez seulement que vous vous êtes trompé et toutes les conséquences de vos erreurs disparaîtront. » Cela signifie que nous pouvons « faire cesser le temps » en renvoyant nos pensées vers la vérité, la base de la véritable réalité. Rien de ce qui est vrai ne peut être menacé ; rien de ce qui n'est pas vrai n'existe. En cela réside la paix de Dieu.

Cela diffère beaucoup du fait de se soustraire à ses responsabilités et du concept religieux d' « expier ses péchés ». Se libérer du karma signifie simplement laisser aller les idées fausses, causes d'effets douloureux. Après tout, les erreurs ne nécessitent pas d'être punies, mais seulement d'être corrigées. Nous avons tous commis des erreurs et, parmi ces dernières, certaines sont peut-être difficiles à pardonner. Toutefois, Dieu regarde juste au-delà de nos fautes et Il voit la créature parfaite en nous. Nous sommes des êtres puissants, mais nous ne le sommes pas assez pour défaire la perfection que nous a conférée notre Créateur en nous faisant à Son image et à Sa ressemblance. Rien de ce que vous puissiez dire, penser ou faire ne pourra jamais altérer ce en quoi vous êtes en réalité parfaitement merveilleux et le serez toujours.

Dans certains plans astraux de l'au-delà, on croit qu'à la suite des erreurs que vous commettez au cours d'une vie, par exemple être cruel envers quelqu'un, vous devez vous réincarner avec des problèmes physiques ou émotionnels afin d' « expier » ces erreurs. Lorsque vous vous réincarnez à partir de ce cadre de pensée, vous choisissez d'avoir une vie de punition, dans la souffrance et les problèmes. Vous pouvez toutefois échapper à cette erreur de pensée à n'importe quel moment.

Les anges vous aideront à laisser aller les effets des erreurs de pensée commises dans cette vie ou dans n'importe quelle autre, peu importe que vous croyiez en la réincarnation ou non.

Comment les anges peuvent régler les problèmes des vies passées

Le simple fait que vous ayez l'intention de régler les problèmes de vos vies passées permet à vos anges de vous aider. En plus d'une séance formelle que vous aurez avec une personne qualifiée dans la régression vers les vies antérieures, vos anges vous aideront à vous souvenir et à laisser aller ce type de problèmes. Vous pouvez y parvenir soit dans votre sommeil soit en état de méditation :

Durant votre sommeil : Le soir, avant d'aller vous coucher, demandez mentalement à vos anges de pénétrer dans vos rêves et de vous montrer toute vie antérieure importante ayant un lien avec les problèmes que vous avez dans cette vie. Vous rêverez d'autres époques auxquelles vous avez vécu et, en fonction de la préparation de votre inconscient à gérer les émotions, peut-être vous souviendrez-vous de ces rêves.

Du point de vue de la guérison, il importe peu que vous vous souveniez de ces rêves. L'important, c'est que durant ces épisodes nocturnes vos anges aient votre permission d'entrer dans vos vies antérieures et de vous libérer des émotions que vous avez contenues. Vous devriez vous réveiller avec l'impression d'avoir fait beaucoup de ménage en dormant. Vous pourrez même vous sentir un peu épuisé. Vous saurez néanmoins que vous vous êtes engagé pendant votre sommeil dans un important travail qui aura un puissant effet de guérison globale.

Durant vos méditations : En état de méditation, demandez à vos anges de vous montrer des visions de vos vies antérieures, puis permettez-vous d'être concentré tout en ayant l'esprit ouvert. N'essayez pas de provoquer les choses. Soyez plutôt comme un écran de cinéma sur lequel les anges projettent des images.

Votre esprit essaiera peut-être de vous convaincre que vous fabriquez les images que vous voyez avec votre œil spirituel. Remettez vos peurs et vos soucis à vos anges de manière à ne pas interrompre le flot d'informations qu'ils vous envoient.

Au fur et à mesure que vous regardez ou revivez les souvenirs de vos vies passées, assurez-vous de rester conscient de la présence de vos anges. Sachez qu'ils étaient là avec vous pendant ces vies et qu'ils sont à présent avec vous tandis que vous revivez ces souvenirs anciens. Vos anges vous guideront afin que vous puissiez vous défaire de toute souffrance des vies passées.

Par exemple, ils pourront vous demander d'imaginer une « fin » différente au film de votre vie antérieure, un peu comme si vous réécriviez le scénario de cette vie-là. Alors, plutôt que d'être tué d'une manière traumatisante, inventez une scène dans laquelle vous mourrez paisiblement dans votre sommeil. Votre inconscient remplacera les émotions anciennes par les nouvelles, plus paisibles.

Ou encore, vos anges vous conseilleront peut-être de vous pardonner ou de pardonner à d'autres dans votre vie antérieure. Assurez-vous de leur demander de vous aider à accomplir cette libération, car il se peut que vous trouviez difficile de pardonner complètement par vous-même. Les anges pénétreront dans votre mémoire cellulaire et émotionnelle, et y dissiperont tout ce qui subsiste des émotions négatives de vos vies antérieures.

Voici la transcription d'une séance de thérapie angélique avec un client dont les vies antérieures nuisaient à son travail et à ses finances dans cette vie-ci. Voyez comment les anges l'ont aidé à se défaire de ses modèles de pauvreté antérieurs pour lui permettre de jouir d'une plus grande prospérité et d'un travail plus signifiant.

Sam : Je m'apprête à lancer mon entreprise de création. Qu'en pensent les anges ?

Doreen : Vous *devez* faire ce type de travail ; les anges disent que vous n'avez pas le choix parce que cela correspond à ce que vous êtes.

Sam : Oh, oui, il n'y a pas de doute, c'est une passion dévorante !

Doreen : Eh bien, les anges me montrent que, quoi que vous fassiez impliquant un travail artistique, cela vous conviendra et vous aurez un grand potentiel de réussite. Toutefois, ils disent que vous avez des difficultés avec le fait de mériter l'argent. À l'heure actuelle, vos croyances maintiennent l'argent un pas en avant de vous plutôt que de le mettre en votre possession.

Vos anges disent que vous êtes une personne très talentueuse, que le problème n'est pas là.

Sam : D'accord, mon problème, c'est de me convaincre que je mérite de gagner de l'argent avec mes talents.

Doreen : Exactement ! Vous avez cette énergie mentale qui empêche l'argent de venir jusqu'à vous. Les anges disent que vous vous attendez à ne pas avoir assez d'argent.

Sam : Oui, j'en suis conscient. Je suis aussi conscient que je ne sens pas mériter que l'argent vienne à moi.

Doreen : Les anges nous demandent de procé der immé diatement à une thé rapie angé lique à ce sujet. Ê tes-vous d'accord ? Vous allez prendre une très profonde inspiration et voir un rayon lumineux descendre par le centre de votre tê te. Ce rayon atti- rera comme un aimant tout stress ou tout souci et les é radique. J'aimerais vous demander de ré pé ter l'affirmation suivante : *Je romps tous les vœux de pau- vreté que j'ai pu prononcer en quelque vie que ce soit et j'en serai libé ré.*

Sam : Je veux rompre tout vœu de pauvreté que j'ai pu prononcer en quelque vie que ce soit. Je romps ces vœux de pauvreté et j'en suis libé ré.

Doreen : D'accord, excellent ! Il y a juste quelque chose dans votre subconscient qui voit l'argent un peu différemment de la manière dont vos anges aimeraient que vous le voyiez. Il est vraiment important que vous considé riez l'argent comme un simple soutien au magnifique travail pour lequel vous ê tes né, parce que vous avez l'intention sincè re d'apporter beaucoup de joie et de gaieté au monde par votre travail.

Sam : Eh bien, c'est exactement ce que j'ai l'inten- tion de faire !

Doreen : Vous *devez* faire ce travail. Le puissant dé sir que vous insuffle la mission divine de votre vie ne vous donne pas d'autres options. La seule chose pour laquelle vous avez vraiment le choix concerne les attentes que vous avez d'être soutenu dans votre travail. C'est le fait que vous méritez de recevoir autant que vous pouvez *donner*.

Sam : Oui, c'est un véritable problème pour moi, en particulier quand je sais que d'autres personnes sont dans une situation plus difficile que la mienne. Et puis, j'ai été élevé avec l'idée de la « sainte pauvreté ». Même si cela fait des années qu'intellectuellement je suis conscient du fait que ce n'est pas vrai pour moi, c'est difficile de me défaire de cette attitude.

Doreen : Tout à fait. Bon, dans votre vie passée la plus en lien avec celle-ci, vous viviez en Angleterre et étiez habillé en fou du roi, mais ce n'était pas votre métier. C'était quelque chose qui y ressemblait, comme un spectacle de variétés.

Sam : J'ai toujours été comme attiré par l'idée de musicien itinérant.

Doreen : Exactement ! C'est ce que vous étiez, un musicien itinérant. Ce que vous faisiez dans la vie, c'était de vous en accommoder. Vous vous arrêtiez dans une communauté, faisiez votre travail puis trouviez des fermiers qui vous emmenaient chez eux et vous hébergeaient pour la nuit. Voilà le style de vie que vous aviez, vraiment sans souci. Vous pensiez : « Ça va venir, on va prendre soin de moi. » D'un autre côté cependant, c'était presque comme si vous acceptiez les restes de la vie. Dans cette vie, nous voulons que vous éleviez vos exigences d'un cran.

Sam : Eh bien, je me sens prêt à le faire. Pensez-vous que la méditation m'y aidera ?

Doreen : Je pense que le fait que vous soyez conscient de cette attitude sous-jacente vous donne toutes les chances d'y arriver. Vos anges vous demandent de vous imposer à l'Univers et de dire : « Eh là, je mérite un soutien total pour mon travail. » Une fois que vous l'aurez fait, la réponse viendra très rapidement.

Sam : Génial ! Oui, j'en suis au point où je me sens prêt. J'en ai assez de mener des projets artistiques pour de grosses entreprises ; je suis prêt à suivre mon cœur et à faire un travail artistique avec mon âme. Avez-vous l'impression que c'est le bon moment pour quitter mon travail permanent en graphisme publicitaire et pour démarrer mon entreprise à temps plein ?

Doreen : Vous devriez patienter dans votre emploi permanent jusqu'à temps d'être réellement prêt à effectuer cet autre travail et à prendre votre envol. Autrement dit, attendez d'avoir clairement conscience que c'est le moment. Vous ne serez pas guidé par la peur ou la colère, mais par une assurance paisible et sereine, et vous saurez simplement que « le moment est venu ». Après tout, vous avez une femme, vous avez des factures à payer et vous n'êtes pas musicien itinérant dans *cette* vie. Si vous étiez célibataire, je vous dirais : « Allez-y maintenant tout simplement. »

Dès que vous serez prêt mentalement, vous pourrez faire la rupture. C'est vous qui déciderez de l'heure ; cette dernière n'est gravée sur aucun marbre. Commencez à temps partiel.

Sam : Je sais au fond de moi que je réussirai. C'est juste une histoire de « trouille d'avant-match ». Je ne pense pas qu'acquérir une plus grande assurance me prenne beaucoup de temps.

Doreen : Je suis d'accord avec vous. Vos anges et moi aimerions vous faire travailler avec deux archanges pour qu'ils vous aident à progresser dans la voie professionnelle que vous avez choisie. L'un d'eux est l'archange Gabriel ; c'est l'ange des communicateurs, des artistes et des gens qui travaillent dans les arts du spectacle. Gabriel est un archange féminin pouvant ouvrir de nombreuses portes pour vous. Même si vous n'avez pas l'impression qu'il vous parle, sa présence vous sera évidente à l'occasion.

L'autre archange, c'est Michael. Il se tient à votre droite en ce moment. C'est l'ange protecteur ; il est là pour vous donner le courage d'aller de l'avant.

Sam : Il est intéressant que la question du courage se pose parce que j'ai l'impression que, plus que n'importe quoi en ce moment même, c'est de courage dont j'ai besoin. L'énergie de Gabriel m'a certainement accompagné dans mon travail en communication artistique. Cependant, je crois que mon principal objectif cette année est d'avoir le courage de croire en moi-même et de savoir qu'il n'y a pas de problème à prendre une autre direction ni même à faire des erreurs.

Doreen : Oui, absolument. Depuis la fin de 1998, nous faisons tous l'expérience d'une énergie nouvelle qui nous appelle à vivre dans une totale intégrité et à laisser aller les choses qui n'honorent pas notre moi véritable. Si nous ne le faisons pas, nous souffrirons de plus en plus. Vous devez vraiment faire ce travail. Alors, comptez sur cette nouvelle énergie de 1999, libérez-vous de vos vieilles croyances et allez de l'avant.

Sam : Oui, il n'y a pas de doute, je sens cette énergie nouvelle. Pendant le dernier travail que j'ai fait, une brochure commerciale, je sentais une lourdeur que je n'avais pas ressentie lors de mes précédents travaux. C'était comme si cette lourdeur me disait : « Il est temps de partir. » Pourtant, je ne ressens aucune angoisse me poussant en avant. C'est plus une force tranquille.

ॐ ॐ ॐ

Dans le prochain chapitre, vous découvrirez des anges terrestres qui nous aident de surprenantes façons. Peut-être vous rendrez-vous compte qu'en réalité *vous* êtes l'un d'eux.

CHAPITRE ONZE

Anges incarnés, élémentaux, âmes transférées et peuple stellaire

On me demande souvent s'il arrive que les anges s'incarnent sous la forme humaine. La réponse est « oui » sans aucun doute possible. Dans l'épître aux Hébreux (13,2), il est dit : « *N'oubliez pas l'hospitalité, car c'est grâce à elle que, sans le savoir, certains ont hébergé des anges.* » En d'autres termes, vous avez peut-être été en interaction avec des anges ayant l'air d'humains sans avoir conscience du fait qu'ils étaient en réalité des êtres célestes. En fait, *vous* êtes peut-être un ange incarné et ne le savez pas.

Selon moi, toute personne agissant de manière angélique est un ange. À cet égard, nous sommes tous de temps en temps des anges incarnés. Des gens sont venus de tout l'Univers pour vivre sur Terre le passage au nouveau millénaire. Ma pratique de conseil psychique m'a permis de connaître bien des personnes ayant leurs origines ailleurs que sur Terre. J'ai appris que les extraterrestres incarnés (E.T.), les anges, les élémentaux et les âmes transférées sont nombreux sur la planète en ce moment.

Fondamentalement, nous ne faisons qu'Un : Un avec Dieu, avec chacun, avec les anges et avec les maîtres ascensionnés. Au sein de chacun d'entre nous se trouve la même étincelle de lumière divine. Comme toutes les feuilles d'un même arbre, nous avons la même origine et influons les uns sur les autres.

Cependant, dans ce monde d'illusion où nous semblons être des êtres distincts, des caractéristiques extérieures nous distinguent les uns des autres. Par exemple, l'énergie qui habite les hommes est différente de celle qui habite les femmes.

Il existe également des modèles énergétiques différents selon notre mode de vie. Par exemple, quelqu'un qui passe la plupart de son temps à boire de l'alcool dans un bar aura une contenance et une énergie différentes de celles d'une personne qui passe la majeure partie de son temps à prier et à méditer. Votre modèle énergétique est influencé par les endroits que vous fréquentez, les gens auxquels vous vous associez et les pensées qui dominent en vous.

De la même façon, il existe des âmes ayant « traîné » dans la plupart de leurs vies en différents types d'incarnations ou de lieux. En effet, tous les enfants de Dieu ne s'incarnent pas sur Terre sous la forme d'humains. Certains êtres choisissent de vivre sur d'autres planètes et dans d'autres dimensions. Si plusieurs de leurs vies se sont déroulées dans d'autres environnements, ces derniers ainsi que les expériences qu'ils y ont vécues se reflètent dans leur expression et dans leur modèle énergétique. Ensuite, lorsqu'ils choisissent de venir s'incarner sur Terre, ils sont porteurs du modèle énergétique de leurs vies passées dans ces autres environnements et dimensions.

De nombreux « travailleurs de la lumière » (des gens se sentant poussés à aider les autres, en particulier spirituellement) se sont précédemment incarnés dans d'autres dimensions ou sur d'autres planètes. Ils choisissent de s'incarner sous la forme humaine, sur Terre, à cette époque pour jouer le rôle d'anges pendant le changement de millénaire.

Afin de s'ajuster à la vie sur Terre, ils ont « emprunté » des souvenirs de vies antérieures aux Annales akashiques, dans lesquelles est enregistré ce qui est arrivé à tout être). Ces souvenirs d'emprunt font office de mémoire-tampon ou d'amortisseur afin que l'âme sache à quoi s'attendre dans notre monde. Après tout, la Terre est considérée comme l'une des planètes les plus instables sur lesquelles s'incarner. Notre niveau d'agressivité, de violence et de pessimisme est perçu comme élevé dans les galaxies. Il existe un livre merveilleux sur le sujet des souvenirs empruntés aux vies antérieures, *Keepers of the Garden* de Dolores Cannon.

Parmi les anges incarnés, les êtres stellaires, les élémentaux ou les âmes transférées, plusieurs ne viennent pas ici pour la première fois. En effet, il se peut que ceux qui agissent à titre d'anges terrestres choisissent de venir ici à plusieurs reprises. Ils conservent le modèle énergétique de leur règne d'origine et c'est ainsi, par exemple, que l'apparence d'un ange incarné est la sienne depuis de nombreuses vies.

Le peuple stellaire

La première fois que j'ai travaillé avec un E.T. incarné, que j'appelle « être stellaire », j'ai été surprise. Cette personne allait à l'encontre de tous les stéréotypes que j'avais à propos des extraterrestres : elle ressemblait fort à une personne ordinaire (encore que le peuple stellaire présente des différences physiques subtiles mais essentielles, dont je présente la liste ci-après). Cependant, jusqu'à ce que je discerne psychiquement qu'elle travaillait à partir d'un vaisseau spatial, je n'avais pas la moindre idée qu'elle ne venait pas de la Terre.

Lorsque j'ai dit à ma cliente que je la voyais travaillant et voyageant sur un grand vaisseau spatial, elle en a convenu volontiers. Contrairement aux êtres stellaires que j'ai eus par la suite comme clients, elle était tout à fait consciente de ses origines. Depuis que j'ai travaillé avec cette personne, j'ai eu l'occasion d'œuvrer auprès d'une douzaine d'autres êtres stellaires et j'ai trouvé parmi eux des tendances intéressantes :

· **Des yeux différents** : Les êtres stellaires ont des yeux en amande ou en croissant de lune dont l'arc pointe vers le bas comme dans un n. Pensez aux yeux de Bette Midler et vous verrez de quoi il s'agit.

· **Une petite taille** : La plupart des êtres stellaires incarnés ont les os fins, sont minces et de petite taille.

· **Des airs de « tapisserie »** : Leurs visages ont tendance à avoir des traits quelconques et la plupart d'entre eux s'habillent de manière très décontractée ; c'est comme s'ils voulaient se fondre dans le décor et ne pas attirer l'attention.

· **Une aura peu commune** : L'aura des êtres stellaires présente des raies aux couleurs de l'arc-en-ciel s'éloignant du corps. Celles des humains et des êtres provenant des dimensions terrestres entourent le corps comme une coquille d'œuf. Ces différents types d'auras sont visibles sur les photos Kirlian et celles d'auras.

· **Une finalité de vie générale :** Leur finalité de vie est « d'aider au besoin ». Les êtres stellaires tiennent la porte aux inconnus et laissent les gens passer devant eux lorsque la file est longue, sans se soucier d'obtenir un merci en réponse. Ils sont ici pour être gentils, pour disperser ensemble le stress et la violence de notre planète. Leur finalité de vie étant générale, les êtres stellaires n'ont habituellement pas de finalité de vie propre. À la place, ils ont accepté d'aider quiconque en a besoin. Ils ont donc souvent des emplois ordinaires dans lesquels ils peuvent atteindre beaucoup de gens grâce à leurs paroles encourageantes et leurs attitudes édifiantes.

· **Un amour pour la paix et l'honnêteté** : Ils tolèrent très peu la violence et la malhonnêteté.

Venus de planètes où ces traits n'existent pas, ils ne savent pas comment faire face à des humains manquant d'authenticité, manipulateurs ou violents. Cette absence d'habiletés d'adaptation aux problèmes courants sur Terre vaut aux E.T. incarnés d'être souvent étiquetés à tort comme présentant des troubles mentaux, notamment les troubles déficitaires de l'attention et la schizophrénie.

· **Des modèles relationnels et familiaux inhabituels** : Étant donné que sur leur planète les coutumes concernant la vie de famille, l'accouchement, la reproduction et la sexualité sont différentes, de nombreux êtres stellaires ne s'engagent pas à se marier ou à avoir des enfants sur Terre. Ils se sentent désynchronisés face aux images romantiques de la culture occidentale parce qu'elles ne leur correspondent pas. Ils savent de surcroît qu'une vie de famille interférerait avec le travail de lumière qu'ils se sont engagés à accomplir durant leur existence. Très souvent, un être stellaire féminin tombera amoureux d'un homme beaucoup plus jeune, lequel sera une âme sœur appartenant au même groupe stellaire qu'elle.

· **Le sentiment d'être différent** : Les êtres stellaires savent au fond d'eux qu'ils ne viennent pas de la Terre. Ils passent souvent leur vie en ayant l'impression de ne pas être dans leur élément. L'un d'eux m'a dit : « J'ai toujours eu l'impression d'avoir été débarqué sur cette planète et j'attends que quelqu'un revienne et me ramène chez nous. » Ils savent dans leur for intérieur que leur famille biologique n'est pas leur « vraie » famille et se demandent s'ils ont été adoptés.

Les anges incarnés

Un autre groupe de personnes que j'ai été amenée à connaître dans ma pratique privée sont les anges incarnés. Ils présentent aussi des traits distinctifs :

- **Ils ont l'air d'anges** : Les anges incarnés, tant masculins que féminins, ont des visages aux traits doux, habituellement enfantins et en forme de cœur. Un grand pourcentage d'anges incarnés féminins se teignent les cheveux en blond ou en soulignent la blondeur.

- **Ils ont des difficultés relationnelles** : Les anges incarnés ont un passé de relations de codépendance en raison de leur prédisposition à donner aux autres, à les entourer de soins et à se porter à leur secours. Étant également capables de voir le meilleur en chacun, ils restent souvent dans des situations de violence plus longtemps qu'une personne dans la moyenne ne le tolérerait. Mariages et divorces sont multiples dans l'histoire des anges incarnés.

- **Des comportements compulsifs et des problèmes de poids** : Les anges incarnés ont habituellement des comportements compulsifs, d'hyperphagie en particulier, et présentent souvent une surcharge pondérale. Ils se tournent vers la nourriture ou d'autres substances pour faire face à leurs problèmes émotionnels, surtout s'ils sont déconnectés de leur spiritualité.

- **Ce sont des aidants professionnels** : Ce sont des guérisseurs et des aidants naturels exerçant souvent dans des domaines liés à la guérison ou aux services tels que les soins infirmiers, le massage thérapeutique, le travail social, l'aviation commerciale ou l'enseignement. Les étrangers se confient à eux en disant souvent : « Je ne sais pas pourquoi je vous raconte des choses aussi privées à mon sujet. Il y a juste quelque chose qui me dit que je peux vous faire confiance. »

- **Ils donnent bien plus qu'ils ne reçoivent** : Les anges incarnés sont des personnes très généreuses qui ont parfois de la difficulté à recevoir. Par conséquent, ils peuvent manifester le manque dans leur vie en empêchant le flux d'argent, d'amour, d'énergie et d'autres ressources naturelles d'y entrer. Les anges incarnés sont très sensibles aux sentiments des autres, souvent au point d'en négliger leurs propres besoins. Cette attitude peut les mener à la frustration ou au ressentiment lorsque leurs besoins ne sont pas satisfaits.

Les élémentaux incarnés

Les élémentaux incarnés sont un autre groupe d'« anges terrestres » qui sont là pour nous aider. Ce sont des humains ayant leurs origines dans le règne élémental, lequel comporte les farfadets, les fées, les lutins et les elfes. Voici leurs traits distinctifs :

- **Héritiers des Celtes ou leur ressemblant** : Ils ont souvent des cheveux tirant sur le roux, la peau et les yeux clairs. Leurs ancêtres sont irlandais, écossais, gallois ou britanniques.

- **Ils ressemblent aux élémentaux** : Les farfadets incarnés *ressemblent* aux farfadets représentés dans les livres d'enfants, tant par l'apparence de leur corps que par les traits de leur visage. Cela est vrai aussi pour les elfes et les lutins incarnés. Les fées incarnées sont habituellement des femmes minces et sveltes de taille moyenne à haute. Il est rare de voir une fée incarnée petite ou en surcharge pondérale.

- **Des vêtements caractéristiques** : Les élémentaux incarnés portent souvent des tenues que vous pourriez croire caractéristiques de leur type élémental particulier. Par exemple, un farfadet incarné portera des vêtements verts et de préférence des chaussures confortables ; les fées incarnées choisiront des capes flottantes et diaphanes, tandis que les lutins incarnés porteront souvent des vêtements grossiers, faits de laine épaisse, semblables à ceux d'un religieux ou d'un moine.

- **Des personnalités espiègles** : Les élémentaux incarnés sont enclins à faire des surprises qui ressemblent souvent à des plaisanteries de passifs-agressifs. Il peut être difficile de savoir s'ils plaisantent ou s'ils sont sérieux. Cet aspect de leur personnalité vient en partie de leur méfiance ou même de leur aversion envers les humains.

- **En phase avec la nature** : La finalité de vie des élémentaux est de protéger mère Nature et ses animaux des humains. C'est pourquoi ils excellent dans des carrières en rapport avec les végétaux ou les animaux, les retraites en plein air ou encore les écoservices. Ils seraient très heureux dans un travail bénévole à enseigner aux humains, en particulier aux enfants, à respecter les animaux et la planète. Un élémental incarné ne devrait jamais travailler dans un bureau ou à aucun endroit où il resterait enfermé. La plupart des élémentaux incarnés font bien plus confiance aux animaux et aux végétaux qu'aux humains. Par conséquent, nombre d'entre eux sont solitaires ou timides.

- **Manifester des compétences** : Les élémentaux incarnés sont excellents pour se concentrer sur tel ou tel sujet et obtenir un résultat rapide dans la réalité. Ils peuvent accumuler des richesses

considérables s'ils y consacrent leur esprit.
Cependant, ceux qui se concentrent sur le pessimisme peuvent très vite s'attirer des problèmes
ou s'appauvrir.

Les âmes transférées

Les « âme transférée » constituent le quatrième type
d'anges terrestres. Il s'agit d'êtres qui se sont incarnés d'un
commun accord avec une « âme sortante », c'est-à-dire
avec quelqu'un qui a quitté son corps au cours d'un accident, d'une maladie ou dans son sommeil.

L'âme transférée est un être très évolué sur le plan spirituel et dont la finalité de vie est celle d'un travailleur de
la lumière. Elle avait besoin de s'incarner rapidement pour
servir cette finalité et a décidé de passer outre à la méthode
habituelle consistant à se développer sous la forme fœtale,
à naître et à grandir. Au lieu de cela, elle a trouvé un
humain qui n'était pas heureux dans sa vie. Il s'agissait
peut-être d'une personne déprimée ou suicidaire ou encore
d'un enfant ayant de la difficulté à s'adapter.

L'âme transférée a alors communiqué — habituellement par les rêves ou le transfert de pensée — avec cette
personne déprimée et lui a dit : « J'assumerai tes responsabilités à ta place et tu pourras retourner au Ciel en évitant
toute répercussion négative associée au suicide. » Si l'âme
sortante a accepté de quitter son corps et de permettre à
l'âme transférée de l'occuper totalement, plusieurs essais
d'échange ont ensuite été effectués afin de tester si l'accord
tenait.

Si tout s'est passé sans problème, l'âme sortante s'est attiré un événement de nature à changer sa vie, tel qu'une maladie grave ou un accident. Il se peut que l'échange se passe pendant le sommeil de l'âme sortante plutôt que dans une situation de crise, mais c'est rare. Au moment convenu, l'âme sortante a quitté son corps et l'âme transférée s'y est installée définitivement.

Àmoins d'un cas de possession ou d'attachement, le corps ne contient qu'une âme, l'âme transférée. L'échange se déroulant avec la permission et la coopération de l'âme sortante, aucune énergie négative ou sombre n'entre en jeu.

L'âme transférée reprend à son compte la mémoire de l'âme sortante. Elle peut ne pas avoir conscience d'être une âme transférée. Elle ne présente pas de caractéristiques physiques définies, car des êtres de toutes sortes peuvent devenir des âmes transférées et des âmes sortantes. Voici cependant les traits distinctifs d'une vie d'âme transférée :

- **Changement radical de personnalité** : Immédiatement après le transfert intervenu durant une maladie ou un accident, les amis et la famille de la personne commencent à lui faire cette remarque : « Comme tu as changé ! J'ai pratiquement l'impression de ne plus te connaître ! »

- **Changement de mode de vie :** Il arrive souvent que les âmes transférées récemment incarnées n'apprécient pas le mode de vie de l'âme sortante ; elles font alors des changements après s'être installées dans le corps de cette dernière. Elles peuvent divorcer, quitter leur emploi ou déménager. Toutefois, et cela fait partie de l'accord passé avec l'âme sortante ; elles assument les responsabilités de cette dernière même pendant les transitions. Aussi les changements de mode de vie sont-ils menés de manière aussi responsable que possible.

· **Changement de nom** : Il peut arriver que l'âme transférée trouve que le nom de la personne précédente ne lui va pas. Dans ce cas, elle choisira peut-être de changer de prénom, d'adopter un prénom spirituel ou de changer complètement de nom.

Si vous êtes un ange terrestre

Les quatre groupes d'anges terrestres sont particulièrement intuitifs, mais ils ont souvent de la difficulté à faire confiance à leur intuition. Cela vient en partie des années qu'ils ont passées à essayer de s'adapter à la vie sur Terre. Après tout, les coutumes y sont tellement étrangères à leur inclination naturelle que les êtres stellaires et les anges incarnés finissent par apprendre à ne pas tenir compte de leurs impressions.

Si vous vous demandez si vous appartenez à l'un de ces groupes, votre guide intérieur peut vous en dire plus. Avant d'aller vous coucher, dites cette affirmation à votre moi supérieur et à votre groupe spirituel : « *S'il vous plaît, envoyez-moi en rêve des messages clairs à propos de mon origine, des messages dont je me souviendrai facilement à mon réveil.* » Vous pourriez également écrire cette phrase sur un bout de papier que vous placez sous votre oreiller. Lorsque votre subconscient sera prêt sur le plan émotionnel, vous ferez un rêve clair et très net qui vous aidera à comprendre davantage de choses sur vous-même.

La Terre a beaucoup de cadeaux à faire au monde, notamment l'amour, la lumière et des leçons. Je prie pour que, si vous appartenez à l'un ou l'autre des quatre groupes d'anges terrestres, vous ouvriez votre cœur et vous permettiez de profiter du temps que vous passerez sur cette magnifique planète.

CHAPITRE DOUZE

Les nombres formés de chiffres identiques sont des messages des anges

Les anges font de leur mieux pour avoir notre attention et communiquer avec nous. De cette façon, ils nous aident à embellir nos vies. Toutefois, il nous arrive souvent de ne pas tenir compte des signes qu'ils nous font, en faisant passer ces derniers pour de simples coï ncidences ou des fruits de notre imagination.

Les anges disent :

« Nous ne pouvons pas é crire nos messages à votre intention dans le ciel. Vous devez ê tre attentif et croire en vous lorsque vous voyez des combinaisons apparaî tre dans votre vie, en particulier en ré ponse à toute priè re ou à toute question que vous avez posé e. Lorsque, à plusieurs reprises, vous entendez la mê me chanson ou que vous voyez un nombre formé de chiffres identiques, qui pensez-vous qui soit derriè re ? Vos anges, bien sûr ! »

Les nombres formés de chiffres identiques

Vos anges communiquent souvent avec vous par le biais de nombres formés de chiffres identiques. Ils s'y prennent de deux façons. La première est de murmurer délicatement à votre oreille de manière à ce que vous leviez les yeux à temps pour remarquer l'heure à l'horloge ou un numéro de téléphone sur un tableau d'affichage. Ils espèrent que vous aurez conscience de voir plusieurs fois le même nombre formé de chiffres identiques. Par exemple, il se peut que vous voyiez fréquemment le nombre 111 et il semble que, chaque fois que vous regardez une horloge, elle indique 1 h 11 ou 11 h 11.

La seconde façon dont les anges vous montrent des nombres formés de chiffres identiques ayant une signification, c'est en s'arrangeant physiquement pour que, par exemple, une voiture qui vous précède ait un numéro de plaque minéralogique qu'ils veulent que vous voyiez. Ceux qui sont conscients de ce phénomène deviennent des experts à déchiffrer le sens des différentes plaques d'immatriculation. Ainsi, les anges peuvent en réalité vous envoyer des messages détaillés (vous rappelez-vous le personnage de Steve Martin dans *L.A. Story* ? Les panneaux d'affichage lui fournissaient continuellement de l'information importante).

Vous trouverez ci-après le sens fondamental de différents nombres formés de chiffres identiques. Toutefois, vos anges vous diront si dans votre situation ils ont une signification différente. Demandez à vos anges ce qu'ils essaient de vous dire, et ils seront heureux de vous informer plus amplement pour vous aider à décoder la signification de ces nombres.

111 — Surveillez soigneusement vos pensées et assurez-vous de ne songer qu'à ce que vous voulez, pas à ce que vous ne voulez pas. Le nombre 111 est un signe qu'une occasion s'offre à vous et que vos pensées prennent forme en un temps record. Ce nombre est comme la lumière vive d'un flash. Il signifie que l'Univers vient de prendre un instantané de vos pensées et les manifeste dans une forme-pensée. Êtes-vous satisfait des images que l'Univers a captées ? Si vous ne l'êtes pas, rectifiez vos pensées (au besoin, demandez à vos anges de vous aider à le faire).

222 — Les idées que vous avez récemment semées commencent à croître et à devenir réalité. Continuez à les arroser et à en prendre soin, et elles sortiront bientôt de terre en vous permettant de voir la manifestation de vos désirs. En d'autres termes, ne partez pas cinq minutes avant le miracle. Vous allez bientôt voir vos idées se concrétiser ; alors, soyez persévérant ! Continuez à avoir des pensées positives, à les affirmer et à les visualiser.

333 — Les maîtres ascensionnés sont près de vous, désireux que vous sachiez que vous avez leur aide, leur amour et leur compagnie. Faites souvent appel à eux, en particulier lorsque vous voyez des combinaisons de 3 à proximité de vous. Les maîtres ascensionnés les plus connus sont Jésus, Moïse, Marie, Kuan Yin et Yogananda.

444 — Les anges vous entourent en ce moment ; ils vous réconfortent par leur amour et leur aide. Ne vous inquiétez pas ; ils sont tout près pour vous aider.

555 — Attachez votre ceinture de sécurité parce qu'un changement d'importance s'approche de vous. Il ne faudrait pas le voir comme « positif » ou « négatif », car tout changement appartient naturellement au flux de la vie. Il vient peut-être en réponse à vos prières ; alors, continuez à penser au bonheur et à vous sentir en paix.

666 — Vos pensées ne sont pas en équilibre en ce moment ; elles sont trop axées sur le monde matériel. Cette combinaison de chiffres identiques est un appel pour que vous équilibriez vos pensées entre le Ciel et la Terre. Comme dans le célèbre « Sermon sur la montagne », les anges vous demandent de vous concentrer sur l'esprit et le service, en sachant que vos besoins sur les plans matériel et émotionnel seront automatiquement satisfaits en retour.

777 — Les anges vous applaudissent, félicitations, la chance est de votre côté ! Continuez à bien travailler et sachez que votre désir devient réalité. Il s'agit d'un signe extrêmement positif qui laisse entendre que certains miracles se produiront.

888 — Une phase de votre vie est sur le point de s'achever et ce signe vous en avertit afin que vous puissiez vous préparer. Ce nombre peut signifier que vous êtes en train de tourner une page sur le plan émotionnel, professionnel ou relationnel. Il peut aussi signifier qu'il y a de la lumière au bout du tunnel : « Les blés sont mûrs, ne tardez pas pour les récolter et en profiter. » Autrement dit, n'attendez pas à plus tard pour prendre une initiative ou profiter des fruits de votre travail.

999 — Achèvement : c'est la fin d'une grande phase de votre vie personnelle ou de votre vie dans son ensemble. Ce nombre est également un message pour les travailleurs de la lumière engagés à œuvrer sur cette Terre. Il signifie : « Mettez-vous au travail parce mère Terre à besoin de vous immédiatement. »

000 — Ce nombre vous rappelle que vous faites Un avec Dieu et vous fait sentir la présence de l'amour de votre Créateur en vous. C'est également un signe qu'une situation est revenue à son point de départ.

Les combinaisons de chiffres

Souvent, les anges vous enverront un message comportant une combinaison de deux chiffres ou plus. Vous trouverez ci-après les combinaisons de base à trois chiffres associant deux chiffres. Si vos messages contiennent trois chiffres ou plus, mélangez les réponses données pour les différentes combinaisons. Par exemple, si vous remarquez continuellement le nombre 312, utilisez la signification des combinaisons de 3 et de 1 ainsi que de 1 et de 2.

Vous pouvez aussi, si vous vous sentez guidé, additionner tous les chiffres de manière à obtenir un nombre à un seul chiffre. Ensuite, vérifiez la signification de ce nombre-là dans la liste précédente, celle des nombres formés de trois chiffres identiques.

Combinaisons de 1

1 et 2, comme 121 ou 112 : Nos pensées sont comme des graines qui commencent à germer. Vous avez peut-être déjà vu certaines preuves de la réalisation de vos désirs. Ce sont des signes que les choses vont se développer dans la direction que vous désirez. Gardez la foi !

1 et 3, comme 133 ou 113 : Les maîtres ascensionnés travaillent avec vous sur vos processus de pensée. Ils vous servent de mentors en vous enseignant la sagesse ancienne qui intervient dans la manifestation de vos désirs. Ils vous envoient de l'énergie pour vous garder du découragement et vous encouragent à rester concentré sur les véritables objectifs de votre âme. De plus, il se peut que les maîtres ascensionnés vous conseillent, vous guident et vous fassent des suggestions à propos de la finalité de votre vie. Toutefois, ils enseignent toujours que toute création débute sur le plan de la pensée. Demandez-leur de vous aider à choisir avec sagesse ce que vous voulez.

1 et 4, comme 114 ou 144 : Les anges insistent beaucoup pour que vous observiez vos pensées immédiatement. Ils vous conseillent de faire un vœu, car vous êtes dans un passage où vous devez manifester vos pensées sur-le-champ. (**Note** : 411 signifie « Demande aux anges une information essentielle dont tu as besoin immédiatement. »)

1 et 5, comme 115 ou 551 : Vos pensées engendrent les changements qui interviennent dans votre vie. Continuez à les orienter dans la direction que vous souhaitez. Si vous voyez venir des changements non désirés, vous pouvez les arrêter ou les transformer en modifiant vos pensées.

1 et 6, comme 116 ou 661 : Continuez à tourner vos pensées vers le Ciel et lâchez prise en ce qui concerne les soucis matériels. (**Note** : 611 signifie « Demande de l'aide pour améliorer quelque chose du monde matériel qui t'irrite ou te dérange dans l'immédiat. »)

1 et 7, comme 117 ou 771 : Ces nombres confirment que vous faites très bien ! Vous êtes sur la bonne voie, courage ! C'est un signe que vous avez bien choisi vos pensées et que vous devriez vous concentrer encore plus fermement sur vos objectifs. Assurez-vous de compléter vos pensées par les émotions appropriées. Par exemple, éprouvez de la reconnaissance pour les cadeaux que la vie vous fait ; cela accélérera la manifestation de vos désirs.

1 et 8, comme 181 ou 818 : Vous approchez de la fin d'une phase importante de votre vie. Si vous êtes las d'un aspect de votre existence, soyez heureux car il sera bientôt modifié ou remplacé par quelque chose de mieux. Abandonnez ou laissez aller ces aspects de votre vie qui ne fonctionnent pas, car vos pensées à propos d'une vie meilleure vont se manifester.

1 et 9, comme 119 ou 199 : Une nouvelle porte s'est ouverte pour vous à la suite de vos pensées. Il vous est à présent possible de regarder vos pensées en face et d'être en contact direct avec vos créations. Laissez disparaître les choses anciennes au fur et à mesure qu'elles sont remplacées par de nouvelles en accord avec vos désirs.

1 et 0, comme 100 ou 110 : De puissants conseils divins venant de Dieu et des anges vous demandent de modifier vos pensées. Peut-être avez-vous prié afin d'être plus heureux et en meilleure santé. Si c'est le cas, vous recevez là une réponse à vos prières. Dieu sait que la solution que vous recherchez est née dans vos pensées. Demandez-Lui de guider ces dernières et de vous soutenir pendant la période de transition.

<u>Combinaisons de 2</u>

2 et 1, comme 221 ou 112 : Vos pensées sont semblables à des graines qui commencent à germer. Vous avez peut-être déjà vu certaines preuves de la réalisation de vos désirs. Ces nombres sont des signes que les choses vont se développer dans la direction que vous désirez. Gardez confiance !

2 et 3, comme 223 ou 323 : Les maîtres ascensionnés travaillent avec vous en tant que cocréateurs de votre nouveau projet. Ils partagent votre enthousiasme et savent que tout se déroule bien pour vous. Ils peuvent voir que votre avenir sera rempli du bonheur que vous recherchez. Appréciez cette nouvelle phase de votre vie !

2 et 4, comme 224 ou 244 : Comme il est dit dans l'écrit spirituel *Un cours en miracles*, « Les anges bercent votre finalité nouvellement née. » Un tel nombre est un signe que vous avez le soutien du Ciel pour effectuer la transition que vous désirez. C'est une période durant laquelle vous avez particulièrement besoin de savoir que vous n'êtes pas seul.

Les nombres constitués de 2 et de 4 sont un signal de vos anges pour vous dire qu'ils travaillent très étroitement avec vous en ce moment même.

2 et 5, comme 255 ou 225 : Vos prières et vos intentions ont été claires, fermes et sans réserve ; attendez-vous donc à ce qu'un changement intervienne plus rapidement que vous ne l'avez peut-être prévu. Ne vous laissez pas surprendre lorsque vos désirs deviendront réalité. Cela peut se passer d'une manière inattendue ; alors, cramponnez-vous à votre foi. Parlez souvent à Dieu et demandez-Lui de vous rassurer.

2 et 6, comme 266 ou 226 : Vous allez faire un nouvel achat ou une nouvelle acquisition.

2 et 7, comme 277 ou 272 : Avez-vous récemment postulé pour un nouvel emploi, une admission dans une école, ou fait une demande de prêt ? Ces nombres annoncent de bonnes nouvelles. Il vous est demandé de bien vous accrocher et de ne pas laisser votre foi s'affaiblir.

2 et 8, comme 288 ou 282 : Une porte commence à s'ouvrir et une autre à se refermer. Écouter très attentivement votre intuition ; elle vous aidera à entreprendre des démarches qui vous garantiront une abondance permanente pendant la transition.

2 et 9, comme 299 ou 292 : Si vous avez récemment subi une perte (emploi, amour, etc.), attendez-vous à ce qu'elle soit comblée dans un avenir très proche. Tout travaille en votre faveur ; toutefois, cela implique peut-être de l'activité en coulisses à un point tel que vous vous demandez si Dieu vous a oublié. Ne vous inquiétez pas ! Sentez l'énergie de votre vie qui *progresse* en ce moment. Cette perte récente n'était pas une punition pour vous. L'Univers vous prépare plutôt à la nouveauté.

2 et 0, comme 200 ou 202 : Dieu veut que vous sachiez qu'Il ne vous a pas oublié ou abandonné. Il vous aime immensément ! En fait, Il est en train d'orchestrer une merveilleuse nouvelle phase de votre vie. Parlez-Lui souvent et vous sentirez ce miracle à venir. Dieu vous rappelle également l'importance du « calendrier divin ». Certains éléments doivent parfois se mettre en place *en premier* pour que vous puissiez atteindre le résultat que vous désirez. Tant que vous vous accrocherez à vos pensées et à votre foi, rien ne vous empêchera de réaliser votre désir.

Combinaisons de 3

3 et 1, comme 311 ou 313 : Les maîtres ascensionnés travaillent avec vous sur votre processus de pensée. Ils vous servent de mentors en vous enseignant la sagesse ancienne qui intervient dans la manifestation de vos désirs. Ils vous envoient de l'énergie pour vous garder du découragement et vous encouragent à rester concentré sur les véritables objectifs de votre âme. De plus, il se peut que les maîtres ascensionnés vous conseillent, vous guident et vous fassent des suggestions à propos de la finalité de votre vie. Toutefois, ils enseignent toujours que toute création débute sur le plan de la pensée. Demandez-leur de vous aider à choisir avec sagesse ce que vous voulez.

3 et 2, comme 322 ou 332 : Les maîtres ascensionnés travaillent avec vous en tant que cocréateurs de votre nouveau projet. Ils partagent votre enthousiasme et savent que tout se déroule bien pour vous. Ils peuvent voir que votre avenir sera rempli du bonheur que vous recherchez. Appréciez cette nouvelle phase de votre vie !

3 et 4, comme 334 ou 344 : Vous êtes entouré de *plusieurs* présences célestes en ce moment même ! Les maîtres ascensionnés *et* les anges sont là pour vous assister et vous aimer. Tendez-leur votre main car ils vous tendent la leur.

3 et 5, comme 353 ou 335 : Les maîtres ascensionnés veulent vous préparer à un grand changement de vie imminent. Ils veulent que vous sachiez qu'ils vous tiendront la main durant ce changement et que tout se passera bien. Épousez ce changement et cherchez les grâces dont il est porteur.

3 et 6, comme 363 ou 336 : Les maîtres ascensionnés vous aident à trouver ce dont vous avez besoin matériellement pour accomplir la finalité divine de votre vie. Qu'il s'agisse d'argent pour payer les frais de scolarité ou de débouchés vous permettant de mener votre travail d'enseignement ou de guérison, les maîtres travaillent pour que vous les ayez. Ils veulent que vous sachiez que vous méritez de recevoir cette aide, car cette dernière vous aidera à mieux donner aux autres.

3 et 7, comme 377 ou 373 : Les maîtres ascensionnés sont joyeux. Non seulement voient-ils votre véritable divinité intérieure, mais aussi sont-ils d'accord avec le chemin que vous avez choisi. Ils veulent que vous sachiez que vous méritez le bonheur. Ils veulent également que vous laissiez affluer la sainte béatitude allant de pair avec votre héritage divin et le chemin que vous avez choisi.

3 et 8, comme 338 ou 383 : « Courage », vous disent les maîtres ascensionnés. Stimulez et concentrez l'énergie de vos pensées et de vos impressions. Réalignez vos prévisions en sachant que vous faites Un avec Dieu, chacun et la vie tout entière.

3 et 9, comme 393 ou 339 : C'est un message ferme vous indiquant de laisser aller les situations de votre vie qui manquent d'intégrité ou qui ont atteint leur finalité. Ne vous accrochez pas artificiellement à des situations par peur. Sachez que l'on prend soin de vous à tout moment. Il est vital que vous ayez un point de vue positif sur vous-même et sur votre avenir. Créez réellement ce que vous allez vivre en demandant aux maîtres de vous aider à choisir vos pensées selon une perspective d'amour.

3 et 0, comme 300 ou 330 : Dieu et les maîtres ascensionnés tentent d'attirer votre attention, fort probablement sur un sujet en lien avec la finalité divine de votre vie. Avez-vous ignoré un quelconque conseil dernièrement ? Si c'est le cas, il se peut que vous vous sentiez coincé à présent. Ces nombres sont pour le Ciel une façon de vous avertir que vous devez faire votre part dans le processus de cocréation, c'est-à-dire écouter et suivre les conseils divins pour prendre certaines mesures.

<u>Combinaisons de 4</u>

4 et 1, comme 441 ou 411 : Les anges vous recommandent d'être immédiatement attentif à vos pensées. Ils vous conseillent de faire un vœu car vous êtes dans un passage où vos pensées doivent se manifester sur-le-champ. (**Note** : 411 signifie « Demande aux anges une information essentielle dont tu as besoin immédiatement. »)

4 et 2, comme 422 ou 442 : Comme il est dit dans l'écrit spirituel *Un cours en miracles*, « Les anges bercent votre finalité nouvellement née. » C'est un signe que vous avez le soutien du Ciel pour effectuer la transition que vous désirez. C'est une période durant laquelle vous avez particulièrement besoin de savoir que vous n'êtes pas seul. Les nombres constitués de 2 et de 4 sont un signal de vos anges pour vous dire qu'ils travaillent très étroitement avec vous en ce moment même.

4 et 3, comme 443 ou 433 : Vous êtes entouré de *plusieurs* présences célestes en ce moment même ! Les maîtres ascensionnés *et* les anges sont là pour vous assister et vous aimer. Tendez-leur votre main car ils vous tendent la leur.

4 et 5, comme 455 ou 445 : En ce moment même, vos anges participent à l'un des changements importants de votre vie.

4 et 6, comme 446 ou 466 : Vos anges vous mettent en garde, car vous êtes trop concentré sur le monde matériel. Ils vous demandent de leur remettre vos soucis afin qu'ils puissent intervenir. Équilibrez votre concentration entre le

Ciel et la Terre et sachez que vos réserves sont infinies, en particulier lorsque vous travaillez main dans la main avec le divin.

4 et 7, comme 477 ou 447 : Les anges vous félicitent et vous disent : « *Excellent travail, continue ! La chance est avec toi. Continue de concentrer tes pensées, car elles ont beaucoup d'incidences positives.* »

4 et 8, comme 488 ou 448 : C'est un message de vos anges disant qu'une phase de votre vie est proche de sa fin. Ils veulent que vous sachiez que, pendant que les choses ralentissent, ils sont avec vous et vous aident à vous diriger vers une nouvelle situation mieux adaptée à vos besoins, vos désirs et votre finalité.

4 et 9, comme 494 ou 449 : Les anges vous disent qu'il est temps de laisser aller une situation qui a cessé d'être. Ils vous rappellent que lorsqu'une porte se ferme une autre s'ouvre. Ils vous aident certainement à ouvrir de nouvelles portes et à éviter toute souffrance accompagnant la transition que vous entreprenez à présent. Veuillez demander à vos anges de vous aider à avoir confiance dans le fait que cette fin et ce début sont des réponses à vos prières.

4 et 0, comme 440 ou 400 : Dieu et les anges veulent que vous sachiez qu'ils vous aiment vraiment. Ils vous demandent de prendre un moment pour sentir cet amour, car celui-ci répondra à beaucoup de vos questions et résoudra tout problème.

Combinaisons de 5

5 et 1, comme 511 ou 515 : Vos pensées engendrent les changements qui interviennent dans votre vie. Continuez à les orienter dans la direction que vous souhaitez. Si vous voyez venir des changements non désirés, vous pouvez les arrêter ou les transformer en modifiant vos pensées.

5 et 2, comme 522 ou 552 : Vos prières et vos intentions ont été claires, fermes et sans réserve ; attendez-vous donc à ce qu'un changement intervienne plus rapidement que vous ne l'avez peut-être prévu. Ne vous laissez pas surprendre lorsque vos désirs deviendront réalité. Cela peut se passer d'une manière inattendue ; alors, cramponnez-vous à votre foi. Parlez souvent à Dieu et demandez-Lui de vous rassurer.

5 et 3, comme 533 ou 553 : Les maîtres ascensionnés veulent vous préparer à un grand changement de vie imminent. Ils veulent que vous sachiez qu'ils vous tiendront la main durant ce changement et que tout se passera bien. Épousez ce changement et cherchez les grâces dont il est porteur.

5 et 4, comme 554 ou 544 : En ce moment même, vos anges participent à l'un des changements importants de votre vie.

5 et 6, comme 556 ou 566 : Il y aura un changement important dans votre vie matérielle, comme une nouvelle maison ou voiture ou encore un autre nouveau bien.

5 et 7, comme 577 ou 575 : C'est la confirmation du fait que vous « avez dans votre ligne de mire » un changement imminent qui vous enrichira sur le plan physique, émotionnel ou intellectuel ou encore sur ces trois plans. Maintenez le cap et vous aurez bientôt la preuve que ce changement enrichira votre vie et celle de ceux qui vous entourent.

5 et 8, comme 588 ou 558 : Cette combinaison de chiffres signifie que vous êtes à la 11e heure, celle juste avant le changement. N'ayez pas peur, car vous serez soutenu et aimé durant ce changement à présent imminent.

5 et 9, comme 599 ou 595 : Pour que le changement se manifeste, vous devez lâcher prise par rapport au passé. Par cette combinaison on vous demande de laisser aller l'ancien en sachant qu'il a rempli une fonction essentielle en son temps. Toutefois, la vie étant fluide, le changement est inévitable. Sachez que la nouveauté est à votre porte, qu'elle attend que vous la laissiez entrer. Vous l'inviterez à le faire en vous détachant de votre amour pour l'ancien.

5 et 0, comme 500 ou 550 : Il s'agit d'un important message vous signalant que les changements qui se produisent dans votre vie sont dans l'ordre divin et parfait. Ils sont un cadeau de Dieu et conformes à Sa volonté pour votre moi supérieur.

Combinaisons de 6

6 et 1, comme 611 ou 661 : Continuez à tourner vos pensé es vers le Ciel et lâ chez prise par rapport aux soucis maté riels. (**Note** : 611 signifie « Demande de l'aide pour amé liorer quelque chose du monde maté riel qui t'irrite ou te dé range dans l'immé diat. »)

6 et 2, comme 622 ou 662 : Vous allez faire un nouvel achat ou une nouvelle acquisition.

6 et 3, comme 663 ou 633 : Les maî tres ascensionné s vous aident à trouver les objets maté riels dont vous avez besoin pour accomplir la finalité divine de votre vie. Qu'il s'agisse d'argent pour payer les frais de scolarité ou de dé bouché s vous permettant de mener votre travail d'enseignement ou de gué rison, les maî tres travaillent pour que vous les ayez. Ils veulent que vous sachiez que vous mé ritez de recevoir cette aide, car cette dernière vous aidera à mieux donner aux autres.

6 et 4, comme 644 ou 664 : Vos anges vous mettent en garde, car vous ê tes trop concentré sur le monde maté riel. Ils vous demandent de leur remettre vos soucis afin qu'ils puissent intervenir. Équilibrez votre concentration entre le Ciel et la Terre et sachez que vos ré serves sont infinies, en particulier lorsque vous travaillez main dans la main avec le divin.

6 et 5, comme 665 ou 655 : Il y aura un important changement dans votre vie maté rielle, comme une nouvelle maison ou voiture ou encore un autre nouveau bien.

6 et 7, comme 667 ou 677 : C'est la confirmation du fait que vos pensées et votre travail concernant le monde matériel sont « en plein sur la ligne ». Vous avez réussi à équilibrer vos pensées et vos activités de sorte que vous prenez maintenant soin de votre esprit, de votre corps et de votre âme. Poursuivez cet excellent travail !

6 et 8, comme 668 ou 688 : Vous êtes sur le point de vous séparer de quelque chose qui appartient à votre monde matériel, vendre un bien par exemple. Si vous ne voulez rien perdre ou vendre de ce qui fait partie de votre vie matérielle, vous pouvez modifier vos pensées et changer le cours des choses. Toutefois, si vous avez l'intention de vendre quelque chose appartenant à votre monde matériel ou de vous en détacher, considérez cette combinaison comme un signe que votre souhait se réalisera bientôt.

6 et 9, comme 669 ou 699 : Détachez-vous de vos biens matériels, en particulier si vous faites une obsession par rapport à ceux-ci. Cette combinaison est une demande pour que vous lâchiez prise et laissiez aller. De plus, c'est un message : vous avez vendu ou perdu quelque chose de votre vie qui est sur le point d'être remplacé par autre chose de mieux. Soyez ouvert afin de recevoir de nouveaux biens dépassant vos attentes, car vous êtes prêt pour « passer à la puissance supérieure ». Vous méritez ce qu'il y a de mieux !

6 et 0, comme 600 ou 660 : Votre Créateur vous envoie un message au sujet de votre vie matérielle. Dieu, dans Son conseil divin, vous demande de moins vous concentrer sur vos désirs terrestres. Ce n'est pas qu'Il vous demande de vous appauvrir, mais de tenter une démarche plus spiri-tuelle pour obtenir la satisfaction de vos besoins. Sachez que Dieu est en vous et qu'Il est l'origine de tout ce dont vous avez besoin. Éprouvez simplement confiance et reconnaissance, et soyez ouvert aux signes ou aux occa-sions qui apporteront de quoi combler vos besoins maté-riels. « *Cherchez d'abord le royaume de Dieu et Sa justice, et tout le reste vous sera donné par surcroî t* », voilà ce qui est au cœur du message qu'apporte cette combinaison. La lecture de *The Abundance Book*, de John Randolph Price (publié chez Hay House), ou du « *Sermon sur la montagne* » dans l'Évan-gile selon Matthieu pourra vous apporter davantage d'in-formation sur une telle dé marche.

Combinaisons de 7

7 et 1, comme 711 ou 771 : Ces nombres confirment que vous faites trè s bien ! Vous ê tes sur la bonne voie, courage ! C'est un signe que vous avez bien choisi vos pensé es et que vous devriez vous concentrer encore plus fermement sur vos objectifs. Assurez-vous de complé ter vos pensé es avec les é motions approprié es. Par exemple, é prouvez de la reconnaissance pour les cadeaux que la vie vous fait ; cela accé lé rera la manifestation de vos dé sirs.

7 et 2, comme 722 ou 772 : Avez-vous ré cemment postulé pour un nouvel emploi, une admission dans une é cole, ou fait une demande de prê t ? Ces nombres annon-cent de bonnes nouvelles. On vous demande de bien vous accrocher et de ne pas laisser votre foi s'affaiblir.

7 et 3, comme 773 ou 733 : Les maîtres ascensionnés sont joyeux. Non seulement voient-ils votre véritable divinité intérieure, mais aussi sont-ils d'accord avec le chemin que vous avez choisi. Ils veulent que vous sachiez que vous méritez le bonheur et ils vous demandent de laisser affluer la sainte béatitude allant de pair avec votre héritage divin et le chemin que vous avez choisi.

7 et 4, comme 774 ou 744 : Les anges vous félicitent et vous disent : « *Excellent travail, ne lâche pas ! La chance est de ton côté. Continue de concentrer tes pensées, car elles ont beaucoup d'incidences positives.* »

7 et 5, comme 775 ou 755 : C'est la confirmation du fait que vous « avez dans votre ligne de mire » un changement imminent qui vous enrichira sur le plan physique, émotionnel ou intellectuel ou encore sur ces trois plans. Maintenez le cap et vous aurez bientôt la preuve que ce changement enrichira votre vie et celle de ceux qui vous entourent.

7 et 6, comme 776 ou 766 : Cette combinaison confirme le fait que vos pensées et votre travail concernant le monde matériel sont « en plein sur la ligne ». Vous avez réussi à équilibrer vos pensées et vos activités de sorte que vous prenez maintenant soin de votre esprit, de votre corps et de votre âme. Poursuivez cet excellent travail !

7 et 8, comme 778 ou 788 : Avez-vous eu l'impression qu'une certaine partie de votre vie, comme un travail ou une relation, était en train de s'achever ? Cette combinaison confirme que votre impression était juste. Cette fin pourrait signifier qu'il se produit un changement important et positif dans votre situation ou qu'une partie de votre vie arrive à son terme. Peu importe, cette combinaison annonce de bonnes nouvelles au sujet d'un changement positif impliquant la fin d'une situation intense. Tenez bon parce que votre vie est en voie de devenir plus facile.

7 et 9, comme 779 ou 799 : Félicitations ! Vous vous défaites de vieux aspects de votre vie qui ne correspondent plus à ce que vous êtes devenu. Vous vivez une vie plus authentique, en conformité avec la vue la plus élevée que vous avez de vous-même. Cette combinaison est un applaudissement à votre décision de vivre honnêtement.

7 et 0, comme 700 ou 770 : C'est un « Bravo, mon garçon ! » ou « Bravo, ma fille ! » que Dieu nous envoie. Il vous lève son chapeau pour le travail mental, spirituel et physique que vous avez accompli. Sur votre chemin actuel, vous vous aidez vous-même et aidez beaucoup d'autres personnes, et Dieu vous demande de poursuivre votre excellent travail.

Combinaisons de 8

8 et 1, comme 811 ou 881 : Vous approchez de la fin d'une phase importante de votre vie. Si vous êtes las d'un aspect de votre vie, soyez heureux car il sera bientôt modifié ou remplacé par quelque chose de mieux. Abandonnez ou laissez aller ces aspects de votre vie qui ne fonctionnent pas, car vos pensées à propos d'une vie meilleure vont se manifester.

8 et 2, comme 822 ou 882 : Une porte commence à s'ouvrir et une autre à se refermer. Écouter très attentivement votre intuition ; elle vous aidera à entreprendre des démarches qui vous garantiront une abondance permanente pendant la transition.

8 et 3, comme 883 ou 833 : « *Courage* », vous disent les maîtres ascensionnés. Stimulez et concentrez l'énergie de vos pensées et de vos impressions. Réalignez vos prévisions en sachant que vous faites Un avec Dieu, chacun et la vie tout entière.

8 et 4, comme 884 ou 844 : C'est un message de vos anges disant qu'une phase de votre vie est proche de sa fin. Ils veulent que vous sachiez que, pendant que les choses ralentissent, ils sont avec vous et vous aident à vous diriger vers une nouvelle situation mieux adaptée à vos besoins, à vos désirs et à votre vitalité.

8 et 5, comme 885 ou 855 : Cette combinaison de chiffres signifie que vous êtes à la 11ᵉ heure, celle juste avant le changement. N'ayez pas peur, car vous serez soutenu et aimé durant ce changement à présent imminent.

8 et 6, comme 886 ou 866 : Vous êtes sur le point de vous séparer de quelque chose qui appartient à votre monde matériel, vendre un bien par exemple. Si vous ne voulez rien perdre ou vendre de ce qui fait partie de votre vie matérielle, vous pouvez modifier vos pensées et changer le cours des choses. Toutefois, si vous avez l'intention de vendre quelque chose appartenant à votre monde matériel ou de vous en détacher, considérez cette combinaison comme un signe que votre souhait se réalisera bientôt.

8 et 7, comme 887 ou 877 : Avez-vous eu l'impression qu'une certaine partie de votre vie, comme un travail ou une relation, était en train de s'achever ? Cette combinaison confirme que votre impression était juste. Cette fin pourrait signifier qu'il se produit un changement important et positif dans votre situation ou qu'une partie de votre vie arrive à son terme. Peu importe, cette combinaison annonce de bonnes nouvelles au sujet d'un changement positif impliquant la fin d'une situation intense. Tenez bon parce que votre vie est en voie de devenir plus facile.

8 et 9, comme 889 ou 899 : Une importante phase de votre vie est arrivée à son terme, emportant avec elle d'autres événements qui se termineront eux aussi dans une réaction en chaîne. Comme un train parvenant au bout de la ligne, une voiture s'arrêtera tandis qu'il faudra un moment aux suivantes pour ralentir avant de s'immobiliser. Cette combinaison est un message disant que vous traversez un enchaînement de faits dans lequel de nombreux aspects de votre vie ralentissent et s'arrêtent. Ne vous faites pas de souci cependant ; ces changements sont nécessaires pour que des circonstances nouvelles prennent place dans votre vie.

8 et 0, comme 800 ou 808 : Il s'agit d'un message de votre divin Créateur signifiant que les conclusions imminentes font partie de l'ensemble du plan divin vous concernant. Elles sont les réponses à vos prières et en accord avec ce que Dieu veut pour vous. Demandez-Lui de vous aider à apaiser toute peur ou préoccupation que vous pourrez avoir au sujet des prochains changements.

Combinaisons de 9

9 et 1, comme 991 ou 919 : Une nouvelle porte s'est ouverte pour vous à la suite de vos pensées. Il vous est à présent possible de regarder vos pensées en face et d'être en contact direct avec vos créations. Laissez disparaître les choses anciennes, car elles sont remplacées par de nouvelles s'accordant avec vos désirs.

9 et 2, comme 992 ou 922 : Si vous avez récemment subi une perte (emploi, amour, etc.), attendez-vous à ce qu'elle soit comblée dans un avenir très proche. Tout travaille en votre faveur ; toutefois, cela implique de l'activité en coulisses à un point tel que vous vous demandez si Dieu vous a oublié. Ne vous inquiétez pas ! Sentez l'énergie de votre vie qui *progresse* en ce moment. Cette perte récente n'était pas une punition pour vous. L'Univers vous prépare plutôt à la nouveauté.

9 et 3, comme 993 ou 939 : C'est un message ferme pour que vous laissiez aller les situations de votre vie manquant d'intégrité ou ayant atteint leur finalité. Ne vous accrochez pas artificiellement à des situations par peur. Sachez que l'on prend soin de vous à tout moment. Il est vital que vous ayez un point de vue positif sur vous-même et sur votre avenir. *Créez* réellement ce que vous allez vivre en demandant aux maîtres de vous aider à choisir vos pensées selon une perspective d'amour.

9 et 4, comme 994 ou 944 : Les anges vous disent qu'il est temps de laisser aller une situation qui a cessé d'être. Ils vous rappellent que lorsqu'une porte se ferme une autre s'ouvre. Ils vous aident certainement à ouvrir de nouvelles portes et à éviter toute souffrance accompagnant la transition que vous entreprenez à présent. Veuillez demander à vos anges de vous aider à avoir confiance dans le fait que cette fin et ce début sont des réponses à vos prières.

9 et 5, comme 959 ou 995 : Pour que le changement se manifeste, vous devez lâcher prise par rapport au passé. Par cette combinaison, on vous demande de laisser aller l'ancien en sachant qu'il a rempli une fonction essentielle en son temps. Toutefois, la vie étant fluide, le changement est inévitable. Sachez que la nouveauté est à votre porte, qu'elle attend que vous la laissiez entrer. Vous l'inviterez à le faire en vous détachant de votre amour pour l'ancien.

9 et 6, comme 966 ou 996 : Détachez-vous de vos biens matériels, en particulier si vous faites une obsession par rapport à ceux-ci. Cette combinaison est une demande pour que vous lâchiez prise et laissiez aller. De plus, c'est un message : vous avez vendu ou perdu quelque chose de votre vie qui est sur le point d'être remplacé par autre chose de mieux. Soyez ouvert afin de recevoir de nouveaux biens dépassant vos attentes, car vous êtes prêt pour « passer à la puissance supérieure ». Vous méritez ce qu'il y a de mieux !

9 et 7, comme 977 ou 997 : Félicitations ! Vous vous défaites de vieux aspects de votre vie qui ne correspondent plus à ce que vous êtes devenu. Vous vivez une vie plus authentique, en conformité avec la vue la plus élevée que vous avez de vous-même. Cette combinaison est un applaudissement à votre décision de vivre honnêtement.

9 et 8, comme 998 ou 988 : Une importante phase de votre vie est arrivée à son terme, emportant avec elle d'autres événements qui se termineront eux aussi dans une réaction en chaîne. Comme un train parvenant au bout de la ligne, une voiture s'arrêtera tandis qu'il faudra un moment aux suivantes pour ralentir avant de s'immobiliser. Cette combinaison est un message disant que vous traversez un enchaînement de faits dans lequel de nombreuses parties de votre vie ralentissent et s'arrêtent. Ne vous faites pas de souci cependant ; ces changements sont nécessaires pour que des circonstances nouvelles prennent place dans votre vie.

9 et 0, comme 900 ou 909 : C'est un message de votre Créateur signifiant que la part de votre vie qui vient de s'achever est guidée par le divin. En vérité, rien n'est jamais perdu. La mort n'existe pas, les accidents non plus. Votre récent changement de vie, dans lequel une partie importante de votre existence s'est arrêtée ou a été modifiée, est en réalité une réponse à votre prière. Dieu vous fait savoir qu'Il ne vous retire rien et qu'il ne « cause » pas votre perte. C'est plutôt votre plan de vie ou vos prières qui ont appelé ce changement à vous par le biais du pouvoir que vous avez reçu de Dieu. Ayez le désir de pardonner à toute personne concernée afin d'être léger et libre au moment d'entrer dans une magnifique phase de votre existence.

Combinaisons de 0

0 et 1, comme 001 ou 010 : De puissants conseils venant de Dieu et des anges vous demandent de modifier vos pensées. Peut-être avez-vous prié afin d'être plus heureux et en meilleure santé. Si c'est le cas, vous recevez là une réponse à vos prières. Dieu sait que la solution que vous recherchez est née dans vos pensées. Demandez-Lui de guider ces dernières et de vous soutenir pendant la période de transition.

0 et 2, comme 002 et 020 : Dieu veut que vous sachiez qu'Il ne vous a pas oublié ou abandonné. Il vous aime immensément ! En fait, Il est en train d'orchestrer une merveilleuse nouvelle phase de votre vie. Parlez-Lui souvent et vous sentirez ce miracle à venir. Dieu vous rappelle également l'importance du « calendrier divin ». Certains éléments doivent se mettre en place *en premier* pour que vous puissiez atteindre le résultat que vous désirez. Tant que vous vous accrocherez à vos pensées et à votre foi, rien ne vous empêchera de réaliser votre désir.

0 et 3, comme 003 ou 030 : Dieu et les maîtres ascensionnés tentent d'attirer votre attention, fort probablement sur un sujet en lien avec la finalité divine de votre vie. Avez-vous ignoré un quelconque conseil dernièrement ? Si c'est le cas, il se peut que vous vous sentiez coincé à présent. Ces nombres sont pour le Ciel une façon de vous avertir que vous devez faire votre part dans le processus de cocréation, c'est-à-dire écouter et suivre les conseils divins pour prendre certaines mesures.

0 et 4, comme 040 ou 400 : Dieu et les anges veulent que vous sachiez qu'ils vous aiment vraiment. Ils vous demandent de prendre un moment pour sentir cet amour, car celui-ci répondra à beaucoup de vos questions et résoudra tout problème.

0 et 5, comme 050, 055, 500 ou 550 : Il s'agit d'un important message vous signalant que les changements qui se produisent dans votre vie sont dans l'ordre divin et parfait. Ils sont un cadeau de Dieu et conformes à Sa volonté pour votre moi supérieur.

0 et 6, comme 006 ou 066 : Votre Créateur vous envoie un message au sujet de votre vie matérielle. Dieu, dans Son conseil divin, vous demande de moins vous concentrer sur vos désirs terrestres. Ce n'est pas qu'Il vous demande de vous appauvrir, mais de tenter une démarche plus spirituelle pour obtenir la satisfaction de vos besoins. Sachez que Dieu est en vous et qu'Il est l'origine de tout ce dont vous avez besoin. Éprouvez simplement confiance et reconnaissance et soyez ouvert aux signes ou aux occasions qui apporteront de quoi combler vos besoins matériels. « *Cherchez d'abord le royaume de Dieu et Sa justice, et tout le reste vous sera donné par surcroît* », voilà ce qui est au cœur du message transmis par cette combinaison. La lecture de *The Abundance Book*, de John Randolph Price (publié chez Hay House), ou du « *Sermon sur la montagne* » dans l'Évangile selon Matthieu pourra vous apporter davantage d'information sur une telle démarche.

0 et 7, comme 007 ou 070 : Dieu vous donne une tape dans le dos. Il vous lève son chapeau pour le travail mental, spirituel et physique que vous avez accompli. Sur votre chemin actuel, vous vous aidez vous-même et vous aidez beaucoup d'autres personnes, et Dieu vous demande de poursuivre votre excellent travail.

0 et 8, comme 008 ou 080 : Il s'agit d'un message de votre divin Créateur signifiant que les conclusions imminentes font partie de l'ensemble du plan divin vous concernant. Elles sont les réponses à vos prières et en accord avec ce que Dieu veut pour vous. Demandez-Lui de vous aider à apaiser toute peur ou toute préoccupation que vous pouvez avoir au sujet des prochains changements.

0 et 9, comme 099 ou 090 : C'est un message de votre Créateur signifiant que la part de votre vie qui vient de s'achever est guidée par le divin. En vérité, rien n'est jamais perdu. La mort n'existe pas, les accidents non plus. Votre récent changement de vie, dans lequel une partie importante de votre existence s'est arrêtée ou a été modifiée, est en réalité une réponse à votre prière. Dieu vous fait savoir qu'Il ne vous retire rien ou qu'Il ne « cause » pas votre perte. C'est plutôt votre plan de vie ou vos prières qui ont appelé ce changement à vous par le biais du pouvoir que vous avez reçu de Dieu. Ayez le désir de pardonner à toute personne concernée afin d'être léger et libre au moment d'entrer dans une magnifique phase de votre existence.

ANNEXE

Exercice « Pardonnez, libérez-vous dès à présent »

Tout le monde peut se sentir davantage en paix et dynamique grâce au processus du pardon. Ce processus me fait penser au lest qu'on jette par-dessus bord lorsqu'on voyage en montgolfière afin de pouvoir monter plus haut. La colère, la peur et le ressentiment sont des poids morts qui nous ralentissent et qui épuisent notre vitalité. Peut-être avez-vous quelque poids dont vous pouvez délester votre montgolfière dès à présent. En pardonnant au monde — y compris à soi —, on devient plus léger et beaucoup moins craintif.

Ce processus prend de 30 à 60 minutes et, croyez-moi, c'est un investissement qui en vaut la peine. De nombreux clients me racontent que leur vie a été immédiatement transformée, et de façon extrêmement positive, par ce seul exercice. Voici quelques étapes conduisant à la liberté par le pardon :

1. **Connaissez les avantages du pardon**. Pardonner, ce n'est pas dire « J'ai perdu » ou bien « J'avais tort et tu avais raison ». C'est une chose différente que de disculper quelqu'un à qui on impute une faute. Le pardon, c'est simplement une façon de se libérer l'esprit et de repousser ses limites. La quiétude et un surplus d'énergie sont les récompenses dont le pardon est le prix. Selon moi, c'est un bon marché.

2. **Dressez une liste de pardons**. (Cet exercice est en partie bâti sur le travail de l'auteur John Randolph Price.) Écrivez le nom de *chaque* personne, vivante ou décédée, qui vous a irrité un jour ou l'autre. La plupart des gens en arrivent à dresser une liste de trois ou quatre pages ; ils sont soudain capables de se rappeler les noms de personnes à qu'ils n'avaient pas pensé depuis des années. Certains notent le nom d'animaux de compagnie qui les sont irrités et la plupart écrivent leur propre nom sur leur liste.

3. **Lâchez prise et pardonnez**. Dans une pièce isolée, où vous êtes sûr de ne pas être interrompu, parcourez cette liste un nom à la fois. Ayez à l'esprit l'image de chaque personne et dites : « Je te pardonne et te libère. Je ne retiens aucun refus de pardonner. Mon pardon pour toi est total. Je suis libre et tu l'es aussi. » Ce processus peut durer 30 minutes ou plus. Cependant, il est important de vous y tenir jusqu'à la fin de la liste.

4. **Purifiez votre conscience tous les soirs**. Chaque soir avant de vous mettre au lit, passez mentalement votre journée en revue. Avez-vous besoin de pardonner à quelqu'un ? De la même façon que vous vous lavez probablement le visage chaque soir, purifiez votre conscience avant de vous endormir afin de ne pas accumuler de ressentiment.

Visualisation de l'enclos

Après vous être détendu en inspirant lentement et profondément plusieurs fois, fermez les yeux et installez-vous confortablement.

Imaginez-vous dans un champ à la campagne. Une route mène jusqu'à vous. Par elle arrivent les ressources dont vous avez besoin sur les plans matériel, émotionnel et spirituel. Cette route traverse un enclos pour parvenir à vous. Cet enclos a deux portes : l'une face à la route, l'autre face à vous. Si les deux sont ouvertes, les ressources vous parviennent facilement et vous en faites profiter les autres.

Chaque fois que nous refusons de pardonner à quelqu'un, nous emprisonnons cette personne dans notre esprit, où nous lui infligeons mentalement une sentence de culpabilité et des reproches. L'image de cette personne est « enfermée » dans notre conscience et les portes de l'enclos se referment en claquant comme celles d'une prison. Nous entrons inévitablement dans l'enclos avec la personne que nous avons jugée pour la surveiller afin qu'elle ne s'évade pas. Ainsi, les deux portes sont condamnées et notre enclos, fermé à clé, empêche nos ressources de nous parvenir et de circuler vers les autres.

Regardez immédiatement dans votre enclos et voyez qui s'y trouve. Remarquez le prix élevé que vous payez pour garder ces gens enfermés. Si vous êtes prêt à pardonner, imaginez les portes de votre enclos s'ouvrant automatiquement. Visualisez quiconque s'y trouvant en sortir libre, heureux et en paix. Souhaitez-lui de bonnes choses. Si cela vous semble difficile, essayez de pardonner à la personne au lieu de pardonner ses actes. Ce faisant, ressentez la libération, le soulagement et le renouvellement de votre énergie au fur et à mesure que votre ressentiment se dissipe. Voyez si vous n'êtes pas seul dans l'enclos à la suite d'un jugement de votre ego à l'égard de vous-même.

Vérifiez votre enclos souvent, en particulier lorsque vous vous sentez fatigué, malade ou effrayé. Vous découvrirez que c'est dans ces moments-là que vous tenez le plus de monde enfermé dans votre enclos — y compris vous-même. Une fois que les portes de votre enclos se seront ouvertes et que vous aurez nettoyé ce dernier, vos émotions et votre degré d'énergie s'élèveront.

Affirmations angéliques

Dites quotidiennement les affirmations suivantes afin d'accroître votre assurance et votre amour pour vous-même. Vous pouvez les enregistrer ou photocopier cette page et la placer à un endroit bien en vue. Ajoutez à cette liste des affirmations qui sont en relation avec vos objectifs et vos désirs.

- *Je suis à présent entouré d'anges.*
- *Les anges font resplendir l'amour de Dieu sur moi et à travers moi.*
- *J'accepte l'amour de Dieu et des anges.*
- *Je mérite l'amour.*
- *Je mérite le bonheur.*
- *Je mérite la santé.*
- *Je mérite l'aide du Ciel et je l'accepte dès à présent.*
- *Je fais appel à Dieu et aux anges pour qu'ils m'aident et qu'ils me guident.*
- *J'écoute ma voix intérieure et mes impressions.*
- *Ma voix intérieure et mes impressions sont les conseils de Dieu et des anges.*
- *Ces conseils sont tout ce dont j'ai besoin.*
- *Je suis avec une confiance totale les conseils que je reçois.*
- *Je sais que Dieu et les anges m'aiment et me guident en ce moment même.*
- *J'accepte l'amour des anges.*
- *J'accepte l'amour.*
- *J'aime.*
- *Je suis amour.*

- *Je suis aimant.*
- *Je suis très aimé.*
- *Chacun m'aime.*
- *J'aime chacun.*
- *Je pardonne à chacun.*
- *Je me pardonne.*
- *J'envoie l'amour de Dieu à chaque personne que je rencontre.*
- *Je suis attentif à mes pensées et ne m'autorise à n'avoir que des pensées positives et aimantes.*
- *L'amour abonde dans le monde.*
- *Il y en a assez pour chacun.*
- *Il y en a amplement pour tous.*
- *J'ai tout en abondance.*
- *J'attire dans ma vie des personnes merveilleuses et aimantes.*
- *Mes anges et moi apprécions les nouvelles occasions de rendre service au monde.*
- *Je suis constamment récompensé.*
- *Ma vie est harmonieuse et paisible.*
- *Je suis paisible.*
- *Je suis radieux.*
- *Je suis joyeux.*

À propos de l'auteure

Doreen Virtue (oui, c'est bien son nom) est clairvoyante et docteure en psychologie. Elle détient un doctorat, une maîtrise et un baccalauréat en psychologie de l'orientation de la *Chapman University*, un établissement privé de premier rang situé à Orange (Californie). La docteure Virtue est l'auteure de 22 livres, dont *Divine Guidance*, *Angel Therapy*, *The Lightworker's Way*, et des cassettes audio *Healing With the Angels* et *Chakra Clearing*.

Doreen donne des ateliers sur des questions d'ordre spirituel et psychologique dans toute l'Amérique du Nord, y traitant de thérapie angélique, de communication angélique et de guérison spirituelle. Nombre de ses étudiants sont des professionnels des domaines de la santé et de la psychologie, notamment des médecins, des infirmiers, des psychologues et des travailleurs sociaux. La clairvoyance de Doreen lui permet de voir les anges des personnes qui sont physiquement auprès d'elle ou avec qui elle parle au téléphone et de communiquer avec eux. C'est pourquoi les médias lui demandent fréquemment de donner des « lectures angéliques » à l'antenne ou au téléphone, durant lesquelles les membres de son public peuvent entendre la description de leurs anges gardiens et de leurs êtres chers disparus et la conversation qu'entretient Doreen avec eux.

La docteure Virtue a été invitée à *Oprah*, *CNN*, *Good Morning America*, *The View* et à d'autres émissions de télévision et de radio. Son travail a fait l'objet d'articles dans *Redbook*, *Woman's Day*, *USA Today* et dans des publications nationales et régionales.

Pour vous renseigner sur les ateliers de la docteure Virtue, veuillez visiter le site Web :

www.AngelTherapy.com.

Carte :
Cartes divinatoires des archanges
Cartes divinatoires des maî tres ascensionné s
Cartes divinatoires des saints et des anges
Cartes oracles des anges, guidance au quotidien
Cartes oracles des dé esses
Cartes oracles des fé es
Cartes oracles des licornes magiques
Cartes Sirè nes et dauphins magiques
Cartes oracles de l'archange Michael
Cartes - La thé rapie par les anges
Coffret cercle messager des anges

CD-Audio
Archanges et maî tres ascensionné s
Les anges de la romance
Messages de vos anges
La purification des chakras
Libé rez-vous de votre karma
Les anges et l'art de la manifestation
Les enfants indigo, cristal et arc-en-ciel
Passage dans nos vies anté rieures avec les anges
Anges 101
Fé es 101
Gué rissez votre appé tit, gué rissez votre vie
Mé ditations de thé rapie par les anges
Ê tre à l'é coute de vos anges
Entrer en contact avec ses anges
Les miracles de l'archange Michael

CONFÉRENCE

Une journée avec vos anges

15 MAI 2011
DE 10H00 À 18H00

PLACES LIMITÉES
220,00 $ + TAXES

RÉSERVEZ VOS PLACES
AUX
ÉDITIONS ADA

TÉL.: 450-929-0296
WWW.ADA-INC.COM

Salle Marie-Gérin-Lajoie • Pavillon Judith-Jasmin • UQAM
405, rue Ste-Catherine Est, Montréal (Qc) H2L 2C4
Local J-M400 (Niveau Métro)
Métro Berri-UQAM

DOREEN VIRTUE
ET
CHARLES VIRTUE

A•A

ADA *éditions*